憲法を楽しむ

憲法を楽しむ研究会 編

民谷 渉・森口千弘・中尾太郎・井上幸希・桧垣伸次
織原保尚・井上一洋・長岡健太郎・青木志帆

法律文化社

はしがき

　本書は、読者が様々な憲法問題について考えることを「楽しむ」ことができるような材料を提供することを目的としている。本書でとりあげる問題は、現在訴訟が進行中である、あるいはまだ訴訟が提起されていないような問題が中心である。そのような問題について、「できごと」と「考えてみよう憲法問題」の二段構成で検討している。「できごと」では、何が問題となっているかを会話形式などでできるだけわかりやすく伝えて、「考えてみよう憲法問題」では、学説・判例の簡単な説明をふまえた上で、どのような考え方があるのかを示している。本書は、これらをもとに読者に考えてもらうことを目的としているため、あえて著者の考え方は強く示していない。また初学者向けという性格を考慮して、注釈を一切省略した。諸先生方にはお許しをいただきたい。

　本書は、憲法26条にいう「普通教育」を修了して社会に出て人生を送っている人を読者として念頭に置いている。本書でとり上げる事件が示しているように、憲法とは決して我々と縁遠いところにある他人事ではなく、身近にある様々な問題と関係している。また、法科大学院生は、将来の法曹実務家（「国民のための司法」を実現する任務を憲法上課されている者）を目指すものとして、「すべての国民を念頭において学修すること」が大事であることから、法科大学院の学生にも本書でとりあげる問題を考えてみてほしい。本書が、読者の皆様が「憲法を楽しむ」きっかけとなることができれば幸いである。

　第1部「日常生活と自由」は、精神的自由、経済的自由を中心とした古典的な自由権に関するテーマを扱う。ここで問題となっている自由権は、古くから議論されてきたものであり、現在でも憲法が保障する人権の中でも中心的なものであるといってよい。しかしながら、これらの人権は、現在でも様々な形で侵害されている。また、社会の変化に伴う新しい問題も起きている。これらの問題は、我々が取り組むべき古くて新しい問題である。

　第2部「自己の人生をつくりあげようとする営みと権利」は、人権の主体に着目した問題をとり上げる。もとよりこれらの人々が人権の享有主体であることを否定するものではない（過去においてもそうでなかったと主張するつもりもな

い）。しかしながら、ここで扱う問題は、多くの者の関心を集めてこなかった
ことなどから、権利を主張する人々の主張はこれまで広く受け入れられること
がなかった。これらの問題がどのように可視化されてきたのか、あるいはどの
ようにするべきなのか、を考える必要がある。

　第3部「参政権と統治の基本的枠組み」は参政権、統治に関するテーマを扱
う。憲法が人権をいかに手厚く保障しても、それが侵害されないような、ある
いは侵害されたときに適切な救済を受けられるような制度がなければ、絵に描
いた餅となってしまう。つまり、憲法が保障した人権を、どのように制度的に
裏付けていくかが重要となる。その意味で、統治機構は、人権保障と共に、憲
法を支える両輪であるといわれることがある。

　本書のタイトルである『憲法を楽しむ』は、竹中勲先生（元同志社大学法科大
学院教授）が、論語の「子曰、知之者不如好之者、好之者不如樂之者（子曰わく、
これを知る者はこれを好む者に如かず。これを好む者はこれを楽しむ者に如かず）」（雍
也第六の二十）を参照してつけられた。竹中先生は、その趣旨について、以下
のように語っておられた。

　あることを知っているだけの人よりも、それを好きになった人の方がすぐれている。
それを好きになった人よりは、そのことを楽しんでいる人の方がもっとすぐれている
（安岡定子『楽しい論語塾』〔致知出版、2014年〕104頁）。「憲法を学ぶ」ことにあて
はめると、＜憲法を知識として知っている（だけの）者は、憲法学修を愛好する者に
およばない。さらに、憲法学修を楽しんでいる者にはおよばない＞。
　「憲法を楽しむ」には、能動的積極的に次第に理解を深めていくという学修方法（ア
クティヴ・アンド・ディープ・ラーニング〔Active and Deep Learning〕）が不可欠
である。出発点は、「既知（きち）より始めよ」ということになる。たとえば、小学
校高学年、中学生にとっても、本・新聞・テレビなどを通して理解できたことは「既知」
（既に知っていること）である。こうした「既知」（自分で理解し確認した知識）を前
提・出発点として、分からないところや関心をもったことについて、さらに積極的能
動的に調べていくことを繰り返していく。このことにより、「憲法学修を楽しむ」方
向に向かう。
　そしてまた、「憲法を楽しむ」ことは、自分の人生を創り上げる営みと関連付けつ

つ行うことが必要である。中学校までの普通教育・義務教育を修了して、社会に出る人、高校生になる人、大学生、大学院生になる人、さらに高齢者、後期高齢者となった人も、その人なりの人生を終えるまで「憲法を楽しむ」作業を継続していくことになる。このように「憲法を楽しむ」作業は、一人一人の自分なりの人生と連動して次第に味わいの深いものとなっていく作業であり、容易に達成できるものとはいえないが、一生の作業であるともいえよう。

　日本国憲法が念頭に置いているのは、「普通教育」（憲法26条）を修了して社会に出た人である（むろん、中学校を修了し、高校・大学・大学院に進学した人、高齢者なども含まれる）。本書『憲法を楽しむ』は、こうした国民に、最初の知識を提供し（「知る」）、そして「好きになる」・「楽しむ」段階に進むための手がかり・きっかけを提供しようとするものである。

　また、竹中先生は、本書の基本的な視点について、以下のように語っておられた。

　本企画では年齢、性別、性的指向、性自認、国籍、障害、判断能力の有無、肩書きなどにとらわれない、個人を基点とする適正な処遇が確保されるような日本社会の実現をめざすことを基本的な視点とし、これに即した事案をピックアップしてとり上げる。

　たとえば本企画で複数扱い、また編者・執筆者の多くが実践的にも関わっている障害のある人の事案は、社会の側が障害のある人に対して壁を設け、排除することによって生じている。国際標準の認識として広がりつつある障害者権利条約の第２条でも「『障害にもとづく差別』とは、……他の者との平等を基礎としてすべての人権および基本的自由を認識し、享有し、または行使することを害し、または妨げる目的または効果を有するものをいう。障害にもとづく差別には、あらゆる形態の差別（合理的配慮の否定を含む）を含む」とあり、社会の側が障壁を設けて障害者を排除することで、障害のない者と平等の基本的自由の享有や行使が妨げられることが「差別」とされていることがわかる。すなわち、障害のない者が当たり前のように享受し行使している自由が平等には享受し行使可能ではない、という点に障害者に対する差別が存在する。「優しさ」の内実とは善意の施しや感情的同調ではなく、他者も当然にもつ権利（基本的人権）の尊重である。

　憲法それ自体は豊かさがあり、個人に優しいものである。憲法訴訟には最終的に勝ち負けが生じるが、それに至るまでのプロセスにおいて論点が整理され、冷静な主張

がなされ、価値観がぶつかりあったり事実関係が世に知られたりすることは判決以上に重要である。本企画の〈できごと〉と〈考えてみよう〉を通して上記のプロセスを学び、「憲法の優しさ」が理解できるようになることをめざす。

　本書は、このような考え方のもと、竹中先生の呼びかけで、憲法研究者と弁護士が執筆者として参加した。

　また、竹中先生は、佐藤幸治教授の学説を意識しながら本書を執筆するようにと仰っていた。そこで、執筆者らは、このような竹中先生の意思を尊重しながら本書の執筆を行なった。

　大変残念なことに、竹中先生は執筆半ばの平成31年3月に急逝された。本書の理念に共鳴していた執筆者は、本書の企画を引き継ぎ、共同で研究会を開催し、検討を重ねてようやく刊行に漕ぎつけることができた。本書を謹んで竹中先生に捧げることをお許しいただきたい。

　本書を執筆するにあたり、法律文化社の梶原有美子さんは編集会議や研究会にも参加してくださり、細やかなサポートをしてくださった。ここに記して感謝申し上げる。

　　令和2年3月20日

執筆者一同

目　　次

はしがき

第1部　日常生活と自由

第 1 部

日常生活と自由

1 学校での礼拝は許されないのだろうか？
◉信教の自由と政教分離

できごと

　Ｘは、公立のＹ高等専門学校に在籍する学生（男性）で、イスラム教を信仰している。

　Ｘの国籍は日本であり、日本生まれであるが、幼少期に両親とともに東南アジアに居住したことがあり、イスラム教に親しみを持っていた。そのため、Ｘは、高等専門学校１年生のときに、イスラム教を正式に信仰するようになった。

　ところが、Ｘが、Ｙにおいて、イスラム教徒（ムスリム）としての信仰に基づいた生活を送ろうとすると、様々な課題も出てきた。

　特に問題となったのは、単位の問題である。Ｙは、体調以外の理由での早退を認めていない。そのため、実習など拘束時間の長い授業の最中に、礼拝のために外出すると、欠席扱いとなってしまう。欠席が続く結果、単位を落としそうになっている。単位を落とすと留年となり、留年が続くと、退学処分となってしまう。

　憲法上の問題はないだろうか。

考えてみよう憲法問題

1　はじめに

　Ｙの対応が、Ｘの信仰や信仰に基づいた生活に影響を与えている。本事例において、Ｘの信教の自由が問題になる、ということは明らかであろう。

　日本国内において、従前は少数派にとどまっていたイスラム教徒も、グローバル化した国際情勢に伴って増加し、訪日観光客だけではなく、日本に居住するイスラム教徒も増加しているようである。また、そうした背景を前提として、本事例のように、もともとイスラム教徒ではなかった人が、新たにイスラム教を信仰したり、他の宗教から改宗する人が出てくることは当然と思われ

る。その意味で、今後は、イスラム教だけではなく、様々な宗教を信仰する人が日本国内にも増え、様々な宗教（または無宗教）が交わる時代になるであろう。

さらに、信教の自由を保障するための様々な対応や配慮を行った場合、今度は、政教分離との関係で、緊張関係が生じることがありうる。XとYとの関係で言えば、YがXの要望に応じて信教の自由についての配慮措置を行った場合に、Yの行為が政教分離原則違反になる可能性がある、ということである。

そこで、今日の時点において、信教の自由と政教分離について、事例のような憲法上の課題を考えることは、意味があるのではないだろうか。

本稿においては、まず信教の自由と政教分離について概説した後、具体的な課題について検討していきたい。

なお、本事例においては、近時話題となっていることから、イスラム教を取り上げたものの、筆者の理解不足によって、言葉の使い方やそもそもの教義自体が誤っている可能性もある。仮にそうであれば、大変失礼なことであるが、ご容赦いただければ幸いである。

2 信教の自由と政教分離について

⑴ 信教の自由に関する憲法上の規定

憲法20条1項前段は「信教の自由は、何人に対してもこれを保障する」、同条2項は「何人も、宗教上の行為、祝典、儀式又は行事に参加することを強制されない。」として、信教の自由を保障している。

さらに、政教分離に関する規定が、憲法20条1項後段、20条3項、89条に置かれている。

信教の自由については、中世以来の国会による宗教弾圧からの抵抗を起源として、どの宗教を信じ、または信じないかは、あらゆる精神的活動の根幹である、などと説明されている。

⑵ 信教の自由の保障内容

信教の自由は、大きく3つに分けられる、とされる。

まず1つは、「内心における信仰の自由」である。これは、信仰を持つか否かで、積極的信仰の自由もしくは消極的信仰の自由とに分かれる。また、信仰を告白するかしないかで、積極的信仰告白の自由と、消極的信仰告白の自由と

に分かれる。

2つ目として、「宗教的行為の自由」である。これは、宗教上の儀式などを行う自由や布教宣伝を行うような積極的な自由と、儀式などを行わない、といった消極的な自由とに分かれる。

3つ目として、「宗教的結社の自由」である。これも、積極的なものと消極的なものに分けられる。

(3) 信教の自由の制限について

信教の自由を制限する場合についても、様々な態様がありうる。

刑法などで定める公共の安全・秩序に関わる場合、宗教施設に対する課税に関わる場合や、宗教法人の解散に関わる場合、などにおいても、様々な裁判例があり、古くから問題となってきた。さらに、宗教上の信念に基づく行為と日常生活上の規範とが矛盾する場合があり、本稿のケースはこの類型に当たりうる。

裁判所は、宗教上の信念に基づく行為と日常生活上の規範とが矛盾する類型について、内心の信仰と外部的行為を区別し、ある規制は外部の行為を規制しているだけで、内心の自由は侵害されていない、もしくは、間接的・付随的な制約である、などという判断を行うことが多く、批判も強かった。

もっとも、これまで議論されてきたケースの多くは、個人の権利に制限・制約が加えられた場合に、その除去を求められるか、というパターンが多かった。これは、信教の自由のような自由権が、もともと、国家からの自由、不干渉というところから発足したからであり、自由を妨害する国家行為の停止を請求する、不作為請求権であるからである。そうすると、特に積極的に権利の制限を加えられていない場合、信教の自由が直接には問題にならないのではないか、という悩みが出てくる。この点は、以下の課題を扱う中で検討することとする。

(4) 政教分離について

上記のとおり、憲法20条1項後段、20条3項、89条に、政教分離に関する規定が置かれている。

憲法20条3項は「国及びその機関は、宗教教育その他いかなる宗教的活動もしてはならない」としている。また89条は「公金その他の公の財産は、宗教上

の組織若しくは団体の使用、便益若しくは維持のため、又は公の支配に属しない慈善、教育若しくは博愛の事業に対し、これを支出し、又はその利用に供してはならない」としており、政教分離を財政の側面から規定している。

政教分離規定が何を保障しているのかには様々な考え方があるが、戦前のいわゆる国家神道体制の下で個人の信教の自由が抑圧された経験から、信教の自由を全面的に保障する規定を置き、その保障をさらに確実にするため、政教分離原則を置いている、とされる。

国およびその機関の行為が、政教分離原則違反になるかどうかは、憲法20条3項にいう「宗教的活動」に当たるか、で判断されることとなる。何が宗教的活動に当たるかを判断する基準は、近年の最高裁判例の解釈について議論があるところであるが、旧来、裁判所は、いわゆる「目的効果基準」と呼ばれる基準に従って判断してきた。「行為の目的が宗教的意義を持ち、その効果が宗教に対する援助、助長、促進又は圧迫、干渉等になるような行為」であるかどうか、という基準である。

3　本件における信教の自由の制約について

(1)　問題の所在

本稿の事例は、信仰に基づいた礼拝のために授業を抜けると、授業が欠席扱いになって、留年や退学につながりかねない、という問題である。

イスラム教徒は、1日に5回の礼拝を行う必要がある。礼拝のおおよその時間は決まっているものの、予定がある場合などは、一定程度、後にずらしても差し支えないようである。しかし、調整も限度があり、事例のような、長時間にわたる実習のような場合には、その間に、一度外に出る必要があるだろう（異論があるかもしれないが、少なくとも、本問ではその前提で考えていただきたい）。

(2)　権利制約の内容について

この場合に問題となるのは、Xの積極的な宗教的行為の自由である。Xの当該自由が、Yの規則と衝突しうる。もっとも、Yは、Xの礼拝を禁止したわけではない。積極的に、Xの信教の自由を制約したと評価できるが、1つのポイントである。上記2(3)に記載したとおり、信教の自由の直接的な侵害はない、という考え方も存在する。

他方で、確かにYは礼拝を禁止していないが、Xが教室の外に出ることを禁じているのであり、直接的な制約にほかならない、という考え方もありうる。また、公立高等専門学校においては、学生は、単に学籍を置くだけではなく、授業を受講することができることまで前提となっていると考えれば、欠席扱い、単位不認定や退学処分は、直接の制約と扱える、という考え方もありうる。

　さらに、欠席扱い、単位不認定や退学処分が、直接の制約ではなくとも、間接的な制約だと位置付けることは可能である。1996年の最高裁判決（判例㉔）では、間接的な制約であることを前提に、原級留置処分を違法としている。

(3)　判断（審査）基準をどう考えるか

　以上の考え方を前提に、どのような判断（審査）基準で、Yの欠席扱い等の適否を判断することになろうか。

　1つの考え方は、信教の自由から出発して、信仰に基づく活動を間接的にでも制約するためには、重要な目的を実現するために必要最小限度でなければならない（少なくとも、他のより制限的でない手段で達成できるのであれば、違法である）、という基準で判断することである。

　なお、上記の1996年最高裁判決は、明確には憲法判断を行わず、「校長の裁量権の行使としての処分が、全く事実の基礎を欠くか又は社会観念上著しく妥当を欠き、裁量権の範囲を超え又は裁量権を濫用してされたと認められる場合に限り違法であると判断すべき」とする。憲法論に踏み込まず、校長の広汎な裁量を前提とするように読めるが、最高裁は、信教の自由の憲法的価値を念頭に置き、処分の違法を認めている。

(4)　本件におけるあてはめ

　これらの判断基準によって判断した場合、どのように考えればよいか。

　いずれの基準を取るにしても、他の方法によりYの目的が達成できるか、また、Xが授業を一部受けていないことをどの程度重要視するか、である。

　また、礼拝は、多忙の際には、5分、10分といった、比較的短時間で済ませることがあるようである。そうすると、たとえば、Yの礼拝のための外出も、一時的な体調不良やお手洗いなどのための退席とそこまで時間的に変わるものでもない。

　そして、一時外出したXに、抜けた部分の授業の内容を見てもらう必要があ

るというのであれば、録画しておいて、終了後にＸに見てもらえば、事足りる。

　また、Ｙにおいて欠席や外出が許される、体調を理由とした欠席の場合と比しても、真摯な信仰に基づく欠席や外出は、同価値と評価できるのではないかと思われる。

　そうすると、他の方法により達成可能なのであるから、欠席扱い等は違憲、違法だということになりやすい。

　他方で、Ｙの授業の実験内容が、「片時も手を離せず、ずっと部屋で作業をすることが本質的」というような場合には、別の評価がありうるかもしれない。ただ、その場合であっても、代替手段で達成できるかの検討を尽くさなければいけないことは、もちろんである。

4　本件における政教分離についての問題点

(1)　問題の所在

　ところで、仮に、イスラム教徒について、授業中に礼拝のために外出しても欠席扱いにしないという取扱いを行うことになると、イスラム教徒だけを優遇することになってしまうから、政教分離原則に反することになり、そうした取扱いはできない、という議論がありうる。実際、1996年最高裁判決の事例では、学校側がそうした反論をしている。

(2)　政教分離と信教の自由の衝突

　この場合、信教の自由の保障をしようとしたことによって、政教分離の疑いが生じていることになり、ある意味、信教の自由と政教分離が衝突していることになる。

　しかしながら、政教分離は、個人の信教の自由の保障の確保のためにあるとされており、Ｘの信教の自由の確保が問題となる本件のような事案で検討するのは、本末転倒、という考え方も強い。その場合、信教の自由を保障するための対応が政教分離になりうる本件のような場合には、政教分離を判断する基準も緩やかに判断すべき、ということになる。

　なお、津地鎮祭事件（判例⑲）以来最高裁が採用してきた、いわゆる「目的効果基準」は、憲法20条３項の「宗教的活動」を判断する基準としては緩すぎるという批判も強い。しかも、もともと、政教分離の解釈や「目的効果基準」

は、国家神道を念頭に論じられてきており、本件のように、日本において未だ少数にとどまるような宗教でも、同じ考えをもとに論じられるのかは、議論がある。

もっとも、上で述べたように、政教分離の趣旨からして、本件のように緩やかな基準で判断すべきような場合は、あえて「目的効果基準」に従って判断しても差し支えないとも考えられるし、全く別の基準を立てることも考えられる。

(3) 「目的効果基準」に従った判断

本件を「目的効果基準」に当てはめた場合、どうか。YがXに対して配慮を行うことが、「行為の目的が宗教的意義を持ち、その効果が宗教に対する援助、助長、促進又は圧迫、干渉等になるような行為」になるかどうか、である。真摯な宗教上の行為を行うために配慮を行った場合に、目的が宗教的な意義を持つのか、宗教に対して援助等をすることになるのか。他の学校での取扱いや、Yにおいて他の宗教に対する配慮などがなされていれば、参考になるだろう。様々な観点から検討していただきたい。

5 応用課題

礼拝のための外出という問題以外にも、イスラム教徒が学校生活を送ろうとすると、様々な課題が考えられる。さしあたり、次の2つについて、検討していただきたい。

(1) 礼拝の場所の問題

本稿の事例とは異なった問題として、仮に礼拝を行う時間を確保できたとしても、1日に数回行う必要がある礼拝を行おうとした場合、学内に適した場所がない、ということがありうる。

信教の自由に対する直接の制約に当たるかが問題となるのは、本稿の課題と同様である。

ただ、本稿の事例と比較すると、礼拝の場所がないという問題には、欠席扱いとなったり、単位が取れないといった不利益（これを法律上の処分と構成できるかはともかく）が、見いだしにくい。そうすると、礼拝に適した場所がないということを、信教の自由の直接の制約と構成することは、さらにハードルが

上がるであろうが、間接的な制約だ、と立論することはありうるかもしれない。

そして、間接的な制約とした場合にも、本稿の事例と比べると、不利益が重大と言えるかが大きな問題となる。

なお、本問を作成するに当たり調査した限りでは、イスラム教徒にとって、礼拝を行う場合に、モスク（礼拝所）は必須ではないようだが、そこで礼拝を行うことが望ましいし、できれば、静かで落ち着ける場所で礼拝を行うべきだとされているようである。

また、関連する問題であるが、学校が実際に礼拝所を設置した場合に、どう考えればいいか。政教分離の問題が出てくるので、3(5)に記載したような判断基準で、検討していただきたい。

(2) ハラルメニューの問題

礼拝の問題とは別の角度であるが、学食にハラルメニューが存在しない、という問題も考えられる。

学食にハラルメニューが存在しなければ、確かに、イスラム教徒が学食を利用しにくいという不利益はある。

もっとも、これまでの議論をご覧いただければお分かりのとおり、学食のメニューは、信教の自由への直接的な制約ではないであろう。間接的な制約と言えるかも微妙なところだが、教義上、口にできるものが限定されており、信仰の中核部分にかかわるというのであれば、間接的制約を論ずる余地はある。

2 君が代への敬意は義務なのだろうか？
◉子どもに対する国旗国歌の強制

できごと

　A府では20××年、地域政党である「革命の党」が躍進、党首が府知事に就任し、府議会の多数を同党が占めることとなった。同党は保守ポピュリズム政党であったが、国旗と国歌をA府の中に積極的に取り入れる政策を行い、学校の式典での起立斉唱を義務化する条例を制定した。

①　XはA府立B高校の生徒であり、国旗・国家に対して否定的な信条を有している。Xは国旗国歌条例に従い起立斉唱することは自らの信条に反する行為となるため、自身の入学式において起立斉唱を行わなかった。A府立高校の教員の一部はXに対して起立斉唱をするよう何度も指導したにもかかわらず、Xが在校生として参加した卒業式においても不起立行為を行ったため、3日間の出席停止の懲戒を科された。

②　YはC府立D高校の校長である。YはA府の事例を報道等で知り、教育の専門家として、生徒に起立斉唱の強制を行うことは適切でないと考えた。同時に、自らが校長を務めるD高校においても起立斉唱を望まない生徒のための措置をとる必要があると考え、卒業式次第の国歌斉唱の前に、「これから国歌斉唱をしますが、退席したい人はしてもらって結構です。式は5分後に再度始めます」とアナウンスをするよう司会の教頭に命じた。実際にアナウンスは行われ、数人の生徒と保護者が退席した。これに対して、C府教育委員会は学習指導要領の定める生徒への指導を怠ったとして校長を戒告処分とした。

①、②についてどのような憲法上の問題が考えられるだろうか。

20××年度学習指導要領「特別活動〔学校行事〕」抜粋
　3　入学式や卒業式などにおいては、その意義を踏まえ、国旗を掲揚するとともに、国歌を斉唱するよう指導するものとする。

A府国旗国歌条例（抜粋）
第1条　この条例は、国旗及び国歌に関する法律、教育基本法及び学習指導要領の

趣旨を踏まえ、府立学校における国旗の掲揚及び教職員による国歌の斉唱について定めることにより、府民、とりわけ次代を担う子どもが伝統と文化を尊重し、それらを育んできた我が国と郷土を愛する意識の高揚に資するとともに、他国を尊重し、国際社会の平和と発展に寄与する態度を養うこと並びに府立学校及び府内の市町村立学校における服務規律の厳格化を図ることを目的とする。

第4条　府立学校及び府内の市町村立学校の行事において行われる国歌の斉唱にあっては、教職員および児童・生徒は起立により斉唱を行うものとする。ただし、身体上の障がい、負傷又は疾病により起立、若しくは斉唱するのに支障があると校長が認める者については、この限りでない。

第5条　起立斉唱の職務命令に違反する行為をした教職員に対する標準的な懲戒処分は、戒告とする。

2　上記職務命令に違反する行為を繰り返し、その累計が三回となる職員に対する標準的な処分は、免職とする。

第6条　式典において起立斉唱を行わない児童・生徒に対して、校長及び教員は適切な指導を行い、指導に従わない児童・生徒に対しては学校教育法11条に基づく懲戒を加えなければならない。

考えてみよう憲法問題

1　国旗国歌訴訟前史

　公立学校の式典における国旗の掲揚と国歌斉唱は、長年社会的な問題であった。1958年の学習指導要領改訂において「国民の祝日などにおいて儀式などを行う場合には、児童・生徒に対してこれらの祝日などの意義を理解させるとともに、国旗を掲揚し、君が代を斉唱させることが望ましい」との文言が加えられ、その後も文言の変遷を伴いながら学校における国旗掲揚、国歌斉唱の圧力は高まっていった。1985年には文部省通知「公立小・中・高等学校における特別活動の実施状況に関する調査について」（文初小第162号）において「入学式及び卒業式において、国旗の掲揚や国歌の斉唱を行わない学校があるので、その適切な取り扱いについて徹底すること」とされ、さらに締付が強化されている。

　一方、これに対して現場の教員は国旗、国歌の持つ歴史的意味を踏まえ、国家による統制に反対する立場をとる者が多かった。たとえば、1985年文部省通知について日本教職員組合からは、「今回の文部省通知は、学習指導要領の『国

旗掲揚と国歌斉唱が望ましい』とした内容を大きく踏み越え、『掲揚と斉唱』を義務づけようとするもので重大だ。……「日の丸」掲揚や「君が代」斉唱が教職員の十分な意思統一がないまま、校長、教委や一部父母の意見のみで強行されている背景がある。教育への不当な国の介入であり、強制、義務化に対しては各職場での反対闘争を強化する」（中小路清雄日教組書記長のコメント、朝日新聞1985年9月6日朝刊2面）とするコメントが出されており、現在に続く教員と国家権力との国旗国歌をめぐる争いは根深いものがある。

　なかでも、この問題には2つの大きな転機がある。1つは、卒業式での国歌斉唱をめぐり県教育委員会と教職員組合の板挟みとなった広島県立世羅高校校長の自殺を1つの契機とした国旗国歌法の制定である。これにより、日の丸と君が代が日本の国旗・国歌としての法的地位を得ることとなったが、当時の野中広務官房長官は「それぞれ、人によって、式典等においてこれを、起立する自由もあれば、また起立しない自由もあろうと思うわけでございますし、また、斉唱する自由もあれば斉唱しない自由もあろうかと思うわけでございまして、この法制化はそれを画一的にしようというわけではございません」と述べている。

　もう1つは、式典における国旗国歌の取扱いを詳細に指示するとともに、これに従わない教職員への服務上の責任に言及する東京都教育委員会通達「入学式、卒業式等における国旗掲揚及び国歌斉唱の実施について」である。この通達はその後に続く「君が代訴訟」と称される一連の訴訟に直接結びつく引き金となった。

2　国旗国歌訴訟と思想・良心の自由

　この問題については数多くの訴訟が提起され、最高裁において一定の方向性が示されている。判例について、**できごととかかわり**、そもそも思想・良心の自由への侵害が存在するのかという「制約該当性」の問題と、侵害が存在するとして、公務員・教員としての立場や義務を理由に制約が正当化されるか否かという「制約許容性」、という2つの観点から検討していきたい。

(1)　ピアノ伴奏判決

　ピアノ伴奏判決（判例㉜）で最高裁は、教員の日の丸・君が代に対して否定

的な世界観、歴史観、およびそれらに基づく社会生活上の信念は思想・良心の自由の保護領域にあるとしながらも、ピアノ伴奏を命ずる職務命令はこれを制約するものではないと判示する。すなわち、第1に「ピアノ伴奏を拒否することは、上告人にとっては、上記の歴史観ないし世界観に基づく一つの選択ではあろうが、一般的には、これと不可分に結び付くものということはでき〔ない〕」ため、教員の思想・良心それ自体を否定するものではない。第2に、「入学式の国歌斉唱の際に『君が代』のピアノ伴奏をするという行為自体は、音楽専科の教諭等にとって通常想定され期待されるものであって、上記伴奏を行う教諭等が特定の思想を有するということを外部に表明する行為であると評価することは困難な」であるため、特定の思想を公権力が強制・禁止しているものと見ることもできない。したがって、本件において思想・良心の自由への制約はそもそも存在しておらず、制約該当性はない。

制約該当性がない以上、本判決では制約許容性について検討する必要はない。ところが、この判決では「〔地方公務員の〕地位の特殊性及び職務の公共性にかんがみ……本件職務命令は、その目的及び内容において不合理であるということはできないというべきである」として、教員が地方公務員であることを理由に思想・良心の自由への一定の制約が許容される旨の記述がある。

制約許容性の検討がなされているということは本判決が実は制約該当性を認めているということなのか、それとも制約該当性が認められた場合の念のための判示なのか、判決文からは読み取ることができない。

(2) 起立斉唱判決

一方、起立斉唱を命ずる職務命令の合憲性が争われた起立斉唱判決（判例㉟）では、ピアノ伴奏判決を踏襲し、起立斉唱命令は、第1に思想・良心の自由を直ちに制約するものではなく、第2に特定の思想を強制・禁止するものではないとした。一方で、「起立斉唱行為は、教員が日常担当する教科等や日常従事する事務の内容それ自体には含まれないものであって、一般的、客観的に見ても、国旗及び国歌に対する敬意の表明の要素を含む行為であるということができる。……個人の歴史観ないし世界観に由来する行動（敬意の表明の拒否）と異なる外部的行為（敬意の表明の要素を含む行為）を求められることとなり、その限りにおいて、その者の思想及び良心の自由についての間接的な制約となる面

があることは否定し難い。」として、直接的な制約を否定しつつも、間接的な制約該当性を認めた。

　このため、起立斉唱判決では制約許容性が問題となる。これにつき最高裁は、学校の儀式的行事におけるふさわしい秩序の確保、住民全体の奉仕者として法令等および上司の職務上の命令に従って職務を遂行すべきこととされる地方公務員の地位の性質およびその職務の公共性などから制約は許容されると判断した。

　ピアノ伴奏判決、起立斉唱判決をまとめると次のように言うことができる。第1に、ピアノ伴奏行為を命ずる職務命令は、ピアノ伴奏行為が思想・良心と密接に結びつくものとは言えないため、これを直接制約するものとは認められない。第2に、起立斉唱を命ずる職務命令は思想・良心を直接制約するものではないものの、一般的・客観的に見ても敬意の表明の要素を含む行為であることを鑑みると、間接的な制約となる。ただし、教師としての地位の性質から、間接的な制約は許容される。

　このように最高裁は、理由付けの仕方に解釈の余地があるものの、一貫してピアノ伴奏や起立斉唱の職務命令は憲法19条に違反しないと判断している。このような最高裁の立場もあり、その後の国旗国歌訴訟の中心的な論点は人権論から懲戒処分や再任用拒否の妥当性に移行している。

3　できごとの検討

　一連の君が代訴訟最高裁判決㉟㊱㊲㊳について、学説はおおむね批判的である。もっとも、仮に最高裁の立場に立ち教員への強制を合憲とするとしても、できごとの事例のように子どもへの強制や、子どもを強制から守ろうとする教師には憲法上の保護が認められるのかを検討することには意義があろう。以下、これについて検討してみたい。

(1)　子どもに対する起立強制

　(ⅰ)　子どもへの強制の位置付け　　これまでの国旗国歌問題は、地方公務員たる教師に対する職務命令の合憲性が争われてきものであり、子どもの思想・良心の自由について直接的に取り扱った判決はない。実際、行政も子どもに対する強制は行わないとの立場をとっており、たとえば1999年7月21日の内閣委

員会文教委員会連合審査会における御手洗政府委員の答弁では、「起立をしなかった、あるいは歌わなかったといったような児童生徒がいた場合に……単に従わなかった、あるいは単に起立をしなかった、あるいは歌わなかったといったようなことのみをもって、何らかの不利益をこうむるようなことが学校内で行われたり、あるいは児童生徒に心理的な強制力が働くような方法でその後の指導等が行われるということはあってはならないことと私ども思っているわけでございます」とあり、野中官房長官、小渕首相も子どもへの強制が内心の自由にかかわる問題である旨の答弁を行っている。

また、近年でも2017年の松野文科相の答弁で「指導における基本となる学習指導要領の中で、『特別活動』において、『入学式や卒業式などにおいては、その意義を踏まえ、国旗を掲揚するとともに、国歌を斉唱するよう指導するものとする。』ことが規定されておりますが、これは……教師に対してこういった指導が義務づけられているということでございます。これは、生徒児童に関して国歌をまさに強制的に歌わせるということでは全くありません」と述べられている。

このように、国旗国歌法制定当時から現在に至るまで、子どもに対する強制は行わないというのが政府の建前であり、その背景には内心の自由、なかんずく、思想・良心の自由にかかわる問題があることが読み取れよう。

(ⅱ) 思想・良心の自由の学説　　そこで、**できごと**についてまず考えるべきは、思想・良心の自由の侵害である。国旗国歌の問題については、これを信教の自由や表現の自由の観点から分析すべきとする学説もあるものの、日本ではこの問題を思想・良心の自由にかかわるものとして扱うことで、学説、判例のおおむねの一致をみていると思われる。では、子どもへの起立強制は思想・良心の自由にどのような形で抵触するのだろうか。学説と照らし合わせて見てみたい。

日本国憲法では、19条で「思想及び良心の自由は、これを侵してはならない」と規定する。比較法的に見ると、世俗的な思想・良心の自由を保護する憲法は必ずしも多くはない。日本で独自に19条が設けられたのは、治安維持法に代表されるように、民主主義や平和主義など特定の思想への弾圧や思想統制が行われた歴史がその背景にあると言える。個人の内心一般を保護する思想・良心の

自由は表現の自由や信教の自由など精神的自由権の根幹をなす権利であり、また、これらの自由に解消しつくせない独自の意義を持つとされる。学説はこの権利により、以下のような自由が保障されていると解する。

第1に、内心に反する行為を強制されない自由である。内心、特にその人のアイデンティティーの核心を構成するような信念に反する行為を強制することは、苦痛を伴う。もちろん個人の信念は各人の主観的な面が強く、これが外部行為に及んだ場合いかなる場合でも保護されるわけではない。しかし、良心的徴兵拒否のように、特定の思想の保持者にのみ特権的に徴兵を免除することはありえようし、自らの信念と反する言論の強制は、宗教的自由における信仰告白に似て許されないだろう。

第2に、沈黙の自由がある。これは、内心にとどめておきたい事柄について告白を強制されない権利を指す。上記の不利益取扱いとも関係するが、個人は自らの信念について内心に留めておく権利を有し、たとえばキリスト教徒への踏み絵や思想調査などはこの自由を侵害するものと解される。

第3に、内心を理由とした不利益取扱いの禁止が挙げられる。個人の信念や考え方は多岐にわたり、中には社会的に嫌悪される信念も存在する。国旗や国歌について否定的な信念についても、現在の日本社会の中ではマイノリティーであり、場合によっては白い目で見られることもあるだろう。しかしながら、思想・良心の自由は、いかに社会的に嫌悪される考え方であっても、それだけを理由に不利益取り扱いをすることを禁じていると解される。当然ながら、思想弾圧なども禁じられる。

(iii) 子どもへの強制と思想・良心の自由　このような通説的な学説から、子どもへの起立斉唱の強制について何が言えるだろうか。第1に、起立斉唱は内心に反する行為の強制となる可能性がある。最高裁判決でも示されるように、国旗国歌への起立斉唱は一般的・客観的に見て敬意の表明の要素を含む行為であるが、国旗国歌に反対する考え方を持つ子どもにとってそのような行為の強制は自らのアイデンティティーを正面から否定されるに等しい。教員の場合、最高裁は地方公務員であることをこのような制約への正当化根拠としているが、子どもについても同様の正当化根拠があるのか否かが判断の分かれ目となろう。

この問題への救済手段としては、子どもに対して起立斉唱を強制する条例や指導それ自体を違憲とするほか、起立を望まない子どもに対してのみ義務を免除するということが考えらえる。

　第2に、すべての子どもに対する起立斉唱命令は、起立を望まない子どもの内心を実質的に吐露させる効果を持つため、沈黙の自由を侵害する可能性がある。仮に「起立しない」ということが認められていたとしても、学校の中でその子どもは「国旗国歌に反対するマイノリティー」の思想を持つことが明らかになってしまうだろう。

　第3に、起立しない子どもへの懲戒は内心を理由とする不利益取扱いに当たるだろう。ある特定の信念を持っている子どもに、その信念に反する行為を強制し、従わなかった場合に罰を与えるというのは、典型的な思想・良心の自由侵害の例と言える。教員の場合、学校内の秩序や平穏な式典の進行など一定の懲戒処分を正当化する理由があると最高裁は判断しているが、むしろ教員においても原則として処分が最も軽い戒告に留められていることを鑑みれば、子どもに対する懲戒のためには極めて大きな正当化根拠が求められよう。

　このような観点から見たときに、子どもへの起立斉唱を命じる条例や、それに基づいた職務命令それ自体の合憲性を検討していく必要がある。また、仮にこれらが合憲だとしても、国旗国歌に反対する強い信念を持つ子どもについてこれを強制することが妥当か、免除などの配慮を行う必要はないか、なども19条とかかわり論点となろう。

(2) 子どもに退出の機会を与えた校長に対する懲戒処分

　これまでの判例では、あくまでも教員個人の思想・良心の自由が問題となり、最高裁は子どもの思想・良心の自由を守るための教師の行為について判断を下したことはない。

　もっとも、訴訟になっていないだけで、できごとと同様の問題は生じている。1995年の滋賀県立大津高校の卒業式では、歌いたくない生徒らの退出を認めできごとと同じアナウンスを行った校長が戒告処分を受けている。また、所沢高校では生徒会を中心とした生徒が卒業式の君が代を強制する校長の方針に反発し、独自に卒業式が開催されたこともある。上述したように、子どもに対しての起立斉唱の強制は建前上行われていないものの、実質的に子どもが起立せざ

るを得ないような同調圧力があり、これを防ぐために退出の時間を設けアナウンスを行った校長が懲戒処分を受ける状況が生じれば、建前がどのようなものであれ、子どもの思想・良心の自由への侵害は生じうるだろう。

　できごとの場合、C府には子どもに起立斉唱を求める条例はなく、校長への懲戒処分の根拠は学習指導要領違反である。最高裁は旭川学テ訴訟で、学習指導要領は「全国的な大綱的基準としての性格をもつものと認められるし、また、その内容においても、教師に対し一方的な一定の理論ないしは観念を生徒に教え込むことを強制するような点は全く含まれていない」ため、「必要かつ合理的な基準の設定として是認することができるものと解する」のが相当であると判示している。もっとも、大綱的基準の範囲を超えて教育内容を細かく規定した場合、憲法26条や教育基本法により禁じられている、公権力の学校への「不当な支配」にあたるとも考えられている。したがって、できごとの「入学式や卒業式などにおいては、その意義を踏まえ、国旗を掲揚するとともに、国歌を斉唱するよう指導するものとする」とする内容が大綱的基準にとどまるものか、教師に対して一方的な教え込みを強要するものか否かを検討し、後者であれば憲法26条との適合性が問題となろう。

　仮に学習指導要領が合憲であるとして、次に問題となるのは子どもの思想・良心の自由に配慮したアナウンスを理由とした懲戒が認められるか否かである。ピアノ伴奏事件藤田反対意見では「学校行政の究極的目的が『子供の教育を受ける利益の達成』でなければならないことは、自明の事柄であって、それ自体は極めて重要な公共の利益」であるとされているが、アナウンスへの懲戒の適法性は子どもの利益との関係で検討すべき事柄であろう。たとえば、伝習館高校事件で最高裁は担当科目における学習指導要領の逸脱を理由とした懲戒処分について適法との判決を下しているが、これはできごととは異なり担当科目の授業における大幅な逸脱は批判能力が不十分な子どもにとって不利益となることを勘案したものと言える。逆に言えば、仮に子どもに国旗国歌の重要性を指導する必要性があるとしても、それを自発的な退出が困難な儀式の場でどこまでの指導が求められているかには検討の余地があろう。

　これについて１つのヒントを提示するのが、卒業式典中に行われる宗教的な祈祷を政教分離違反としたアメリカの判決（判例67）である。この事件では祈

祷を拒否する生徒は外に出てよいとされていたが、判決はそのような式典においては生徒間で同調圧力が働き生徒に事実上選択肢がなくなることなどから、祈祷それ自体を違憲としている。国旗国歌の強制と政教分離がかかわる祈祷は事例としては異なるが、生徒に起立斉唱を拒否する権利があるとすれば、単なる強制はもとより、同調圧力による事実上の強制も排されるべきであろう。この見地からは、校長の措置は学習指導要領に違反せず、むしろ生徒の憲法上の権利への適切な配慮であり、懲戒処分は違法であるとの評価もありえよう。

3 タトゥーは1つの文化なのだろうか？
⦿入れ墨・暴力団員と公の施設利用

できごと

　Aは弁護士であるが、ある日、A弁護士の顧問先であるB市の職員の方からA弁護士宛にメールが届いた。メールの内容は職員の方からの相談で、相談概要は以下のようなものであった。

　「うちの市では市営プールを設けており、その管理を、指定管理者（地自244条の2第3項）に行わせております。今般、私どもが市営プールを視察しましたところ、プールサイドに次のような看板が掲示されていることに気がつきました。

　　『以下の方はご利用をご遠慮いただきます。入れ墨のある方（タトゥー、ファッションタトゥーシールを含む。）』

　このような掲示の内容には問題があるのではないでしょうか。入れ墨があるだけで利用を拒むのは違法、ひいては憲法に違反するのではないでしょうか。せめて、暴力団員の利用を拒む内容に変更すべきかと思いますが、そのような内容でしたら問題ないでしょうか。」

　あなたがA弁護士であるとして、B市職員の方に対して、どのような回答をするべきか。

考えてみよう憲法問題

　入れ墨については、2016年、観光庁が入浴施設に対して、「入れ墨（タトゥー）がある外国人旅行者の入浴に際し留意すべきポイントと対応事例」と題した書面で、「宗教、文化、ファッション等の様々な理由で入れ墨をしている場合があることに留意する」、「入れ墨があることで衛生上の支障が生じるものではないことに留意する」旨を通知している。市営プールにおいて外国人旅行者の利用は入浴施設における利用よりは少ないと思われるが、これまでのように、無理由に入れ墨（タトゥー）がある者の利用を拒むことは困難になりつつあるよ

うに思われる。

　他方、暴力団員については、仮に利用を拒んだとしても実効性は乏しいと思われる。暴力団員か否かを判断するに当たって、入れ墨以外の外見から判断できるのかという実際的な問題があるためである。入れ墨以外の外見的な特徴としては指の欠損、バッジ、服装などが挙げられるが、指の欠損は指詰めによるものか事故によるものか区別がつかないし、バッジはいまどき付けている者はほとんどいないし、服装は基準として極めて曖昧である。それゆえに、暴力団員に対して利用を拒む掲示を行っても実効性は乏しいと思われるが、理論的には可否を検討すべきであると思われる。

1　「市営プールを利用する自由」？

　まず、できごとの掲示によって制約される「市営プールを利用する自由」が基本的人権に該当するか否かを検討する。

　地方自治法244条2項によれば、「普通地方公共団体（次条第3項に規定する指定管理者を含む。次項において同じ。）は、正当な理由がない限り、住民が公の施設を利用することを拒んではならない。」とされており、住民は公の施設を利用する利益を有する。そして、市営プールも公の施設であり、住民はこれを利用する利益を有する。

　しかし、市営プールを利用する利益が憲法上の基本的人権として保障されるということは難しいように思われる。

　検討すべき基本的人権は「幸福追求権」（憲13条後段）であると思われるが、一般的な教科書によれば、「個人は、一定の個人的事柄について、公権力から干渉されることなく、自ら決定することができる権利を有すると解され、この権利は『幸福追求権』の一部を構成する」とされ、その「一定の個人的事柄」の対象は、①自己の生命・身体の処分にかかわる事柄②家族の形成・維持にかかわる事柄③リプロダクションにかかわる事柄④その他の事柄が考えられるとされている一方、以上の①から③までのほか、「服装・身なり、喫煙・飲酒、登山・ヨット等」を自己決定権の対象とするのは困難であるとされている。そうであるならば、プールで泳ぐことも、人によっては重要かもしれないが、上記「服装・身なり、喫煙・飲酒、登山・ヨット等」と同じく自己決定権の対象

とすることは困難であると思われる上に、市営プールで泳ぐこととなると、仮に市営プールで泳ぐことができなくても他のプールで泳ぐことはできるのだから、一層、自己決定権の対象とすることは困難である。

2 差別的取扱い

　以上のとおり、市営プールで泳ぐ自由が基本的人権として保障されないとしても、差別的取扱いは憲法14条１項に反するし、地方自治法244条３項も「普通地方公共団体は、住民が公の施設を利用することについて、不当な差別的取扱いをしてはならない。」と定めている。したがって、できごとの掲示が差別的取扱いに当たるか否かは検討する余地がある。

(1) 差別的取扱いか否かの判断基準

　差別的取扱いか否かは、目的に合理的な根拠が認められるか否か、およびその具体的な区別と上記目的との間に合理的関連性が認められるか否かという２つの基準から判断される（判例㉝など）。

　そして、上記判例㉝が「日本国籍は、我が国の構成員としての資格であるとともに、我が国において基本的人権の保障、公的資格の付与、公的給付等を受ける上で意味を持つ重要な法的地位でもある。一方、父母の婚姻により嫡出子たる身分を取得するか否かということは、子にとっては自らの意思や努力によっては変えることのできない父母の身分行為に係る事柄である。したがって、このような事柄をもって日本国籍取得の要件に関して区別を生じさせることに合理的な理由があるか否かについては、慎重に検討することが必要である。」と述べるように、区別によって基本的人権の重大な制限など大きな不利益を生じる場合や、生まれに着目して不利益が定められ、重大な社会的差別観と結びつくような場合には、厳格に判断することが求められる。

　とはいえ、市営プールを利用することができないことが基本的人権の制限に該当しないことは１記載のとおりである。

　そこで、それ以外に厳格に判断すべき事由があるか否かを検討することになる。

(2) 入れ墨について

　まず、入れ墨については、たしかに思想・感情等を表現していると言える面

もあり、実際に裁判例（判例⑥）でも、「被施術者（筆者注：自己の体に入れ墨を入れる者）の側からみれば、入れ墨の中には、被施術者が自己の身体に入れ墨を施すことを通じて、その思想・感情等を表現している評価できるものでもあり、その範囲では表現の自由として保障され得る」とするものがあって、そのような入れ墨が表現する思想・感情の内容に着目して否定的な評価を行うのであれば、それは基本的人権の重大な制限という余地がある。しかしながら、自己の身体に入れ墨を施すことが表現の自由として保障されうるとしても、**できごとの掲示が表現の自由に対する重大な制限である**ということは、次の2つの理由から困難であると思われる。

　第1に、**できごとの掲示**は、入れ墨が表現する思想・感情の内容に着目したものではなく、思想・感情の有無およびその内容とは無関係に、入れ墨の存在そのものに着目している。それゆえに、その当否を厳格に判断すべき事由があるとは考えられない。

　第2に、(1)と重複するが、**できごとの掲示**によって入れ墨を入れている者が受ける不利益、反対に言えば入れ墨を入れていないことによって得られる利益の範囲が時間的・場所的に限られていて小さいことが挙げられる。仮に入れ墨を入れていないことによって公権力から大きな給付を受けたり、あるいは税法上の控除を受けたりする場合には、実質的に入れ墨を入れていることに対して処罰的効果を有するのであって、厳格に判断すべき余地がある（たとえば、未婚の母に対して所得税法上の寡婦控除を認めないことは、未婚の母となることに対して処罰的効果を有する可能性があり、厳格に判断すべき事由があると思われる。）。しかしながら、**できごと**において入れ墨を入れていないことによって得られる利益は、市営プールを利用できることだけであり、厳格に判断すべき事由があるとは言えない。

(3)　暴力団員について

　他方、暴力団員については、「自らの意思により暴力団を脱退し、そうすることで暴力団員でなくなることが可能」（判例㊶）であり、生まれに着目したものではなく、厳格に判断すべき事由があるということは困難である。

3 厳格に判断すべき事由はないとしても……

　以上のとおり、厳格に判断すべき事由はないとしても、目的に合理的な根拠が認められるか否か、およびその具体的な区別と上記目的との間に合理的関連性が認められるか否かの判断は必要である。

(1)　入れ墨について

　まず、入れ墨を入れている者に対して利用を拒むことの可否を検討する。利用を拒むことの目的は他の利用者および施設に対する危害の防止であると考えられる。

　問題は、そのような目的と入れ墨を入れている者に対して利用を拒むこととの間の合理的関連性であるが、これを肯定することは難しいように思われる。

　「入れ墨のある方（タトゥー、ファッションタトゥーシールを含む。）」全員が他の利用者および施設に対して危害を及ぼすおそれがあるとは言えないと思うし、少なくとも証明されることはないと思う。

　また、入れ墨を入れている者は他の利用者に対して威圧感を与えるという考え方があるかもしれないが、そうであれば、「一定の対応を求める方法　シール等で入れ墨部分を覆い、他の入浴者から見えないようにする」（観光庁「入れ墨（タトゥー）がある外国人旅行者の入浴に際し留意すべきポイントと対応事例（2016年）」）を採ればよい。

　さらに、入れ墨は暴力団員の象徴であり、そのことは、たとえば、暴力団員による不当な行為の防止等に関する法律（いわゆる「暴対法」）24条

　（少年に対する入れ墨の強要等の禁止）
　第24条　指定暴力団員は、少年に対して入れ墨を施し、少年に対して入れ墨を受けることを強要し、若しくは勧誘し、又は資金の提供、施術のあっせんその他の行為により少年が入れ墨を受けることを補助してはならない。

に現れているところ、入れ墨を入れている者に対して利用を拒むことで、暴力団員の利用を拒むことができるという考え方があるかもしれない。しかし、これは明らかに過剰である。実際、暴対法の立案担当者の論考においても入れ墨は「伝統的に暴力団員以外にも行う者がおり、現在も一部の若者の間等で行われている実態もあり、その不当性も指詰め程には高くない」とされるなど、入

れ墨があるからといって、直ちに暴力団員であるということはできない。

したがって、入れ墨を入れている者に対して市営プールの利用を拒むことは許されないと考えられる。

(2) **暴力団員について**

次に、暴力団員に対して利用を拒むことについて、目的の合理的根拠の有無および区別と目的との合理的関連性の有無を検討する。

（ⅰ） 目的の合理性について　　暴力団員に対して利用を拒むことについて、目的は施設管理権上の必要性、すなわち公益の維持管理上の必要および施設保全であると考えられる（このような施設管理権の内容を説明するものとして、判例④泉佐野市民会館事件・園部逸夫裁判官の補足意見）。具体的には他の利用者および施設に対する危害の防止である。

この他にも、暴力団員に公の施設を利用させることが、間接的であっても暴力団活動や暴力団の資金源につながり、結果として暴力団を利することとなり、ひいては地方公共の秩序および住民の安全を害するのであるから、これら地方公共の秩序及び住民の安全維持が目的であるという考え方もありうるかもしれない。

たとえば、公園において「暴力団活動や暴力団の資金源となる活動に公園を使用することはできません。」（札幌市環境局みどりの推進部）という掲示を行っている地方公共団体が存在する。この掲示は上記のような目的に出たものと思われるし、また全国で施行されている暴力団排除条例も暴力団活動や暴力団の資金源を断つことを目的としている。

しかしながら、このような目的は、公の施設（公物）の使用が公共の安全・秩序に対する障害を生じる場合において行使される警察権いわゆる「公物警察権」としての面を有する。公物警察権は権力的な行政作用（一方的に住民の権利関係を形成する作用）であるから、組織、権限および手続に関する法令の根拠が必要である。したがって、できごとのように掲示1枚で行うことはできないし、そもそも、地方自治法244条の2第3項の指定管理者が行うことができる業務の範囲を超えている。

それゆえに、暴力団活動や暴力団の資金源を断つことをできごとの掲示の目的とすることは許されず、掲示の目的は他の利用者および施設に対する危害の

防止に限られることになる。

　(ⅱ)　区別と目的との関連性について　　次に、掲示の目的を他の利用者および施設に対する危害の防止であると考えた場合に、掲示の内容と目的との間に合理的関連性があるか否かを判断することになる。

　この点に関して、判例㊶は、公営住宅に暴力団員が入居したところ、入居後に暴力団員であることが判明した場合に、地方公共団体が暴力団員である入居者に対して公営住宅の明渡しを請求することができる旨を定める条例が憲法14条1項に反するか否かが問われたものであるが、「暴力団員は、前記のとおり、集団的に又は常習的に暴力的不法行為等を行うことを助長するおそれがある団体の構成員と定義されているところ、このような暴力団員が市営住宅に入居し続ける場合には、当該市営住宅の他の入居者等の生活の平穏が害されるおそれを否定することはできない。他方において、暴力団員は、自らの意思により暴力団を脱退し、そうすることで暴力団員でなくなることが可能であり、また、暴力団員が市営住宅の明渡しをせざるを得ないとしても、それは、当該市営住宅には居住することができなくなるというにすぎず、当該市営住宅以外における居住についてまで制限を受けるわけではない。」として、当該条例が憲法14条1項に反しない旨述べている。この判決を前提として、市営プールにおいても、他の利用者または施設に対する危害の「おそれを否定することはできない」から、できごとの掲示は許されると考えることもできる。

　しかし、この判決で問題となった公営住宅の供給と本件のような市営プールの利用拒否とでは異なる点がいくつかある。

　まず、地方公共団体の裁量の範囲が大きく異なる。住生活基本法に基づいて供給される公営住宅は、判例㊶が述べるとおり、「地方公共団体が住宅を供給する場合において、当該住宅に入居させ又は入居を継続させる者をどのようなものとするかについては、その性質上、地方公共団体に一定の裁量があるというべきである」が、本件市営プールを含む地方自治法に基づく公の施設は、同法244条2項の「正当な理由」がない限り利用を拒むことができない。

　次に、上記の根拠となっている事柄であるが、公営住宅と市営プールでは利用の態様が異なる。すなわち、公営住宅は住居であるから、当然利用期間は長期に及ぶし、また戸数が限られているから利用者の数が制限される（それゆえ

に、地方公共団体には広範な裁量が認められている）。他方、市営プールは利用の頻度はともかく、1回あたりの利用時間は限られているし、また、利用者も公営住宅よりは制限されていない。それゆえに、1名の暴力団員が短時間利用するだけで、他の利用者や施設に危害を及ぼす危険があるということは困難とも言える。実際、判例㊶は「生活の平穏が害されるおそれを否定することはできない」のは、暴力団員が「入居し続ける場合」としており、利用期間が長期に及ぶ場合を想定していると思われる節がある。したがって、判例㊶とできごとでは事情が異なるということもできる。

このように考えれば、暴力団員であるというだけで市営プールの利用を拒むことは許されないと考えることもできるのではないだろうか。

4 公表された過去は忘れてもらえないだろうか？
◉少年事件の実名の公表と忘れられる権利

① 20XX年、A市立B中学校において、生徒によるいじめによって生徒が自殺するという事件が起こった。事件当時、テレビのニュースや新聞の報道においては、少年法61条の規定に基づき、いじめを行った生徒たちの顔写真および実名について明らかにされなかった。一方、インターネットにおいては、誰がいじめをしたのかという犯人捜しが行われ、その結果、いじめをした生徒たちの顔写真および実名が拡散する事態が生じた。

② Ｘ（20代男性）は、中学生の頃から反国家的な思想を持っていたところ、Ｘが高校3年生の時、日の丸を焼却する画像を SNS に投稿した。すると、この画像がＸの氏名とともにインターネット上に拡散した。Ｙは、利用者の求めに応じてインターネット上のウェブサイトを検索し、ウェブサイトを識別する符号である URL を検索結果として当該利用者に提供することを業として行う者（検索事業者）である。画像を投稿した当時は気にもしなかったが、Ｘは大学3年生になり、就職活動を始めた頃、過去にＸ自身が投稿した上記画像が原因で就職活動において不利な取扱いを受ける可能性があると思い、「忘れられる権利」の侵害を主張して、Ｙに対して本件検索結果の削除を求める仮処分命令の申立てをした。

以上のできごとにおいて、どのような憲法上の問題が考えられるだろうか。

1 少年と成人の違い

少年法は、1条において「この法律は、少年の健全な育成を期し、非行のある少年に対して性格の矯正及び環境の調整に関する保護処分を行うとともに、少年及び少年の福祉を害する成人の刑事事件について特別の措置を講ずることを目的とする」と規定し、同法2条において、「少年」は「20歳に満たない者」、

「成人」は「満20歳以上の者」と規定している。さらに、刑法41条は「14歳に満たない者の行為は、罰しない」と規定している。つまり、少年法の目的は、少年に刑罰を科すことではなく、罪を犯した少年ないし14歳に満たないで刑罰法規に触れる行為をした少年や将来罪を犯すおそれのある少年（非行少年）に対して、「保護処分」を行うことである。この「保護処分」とは、制裁や懲罰ではなく、少年が立ち直るために必要な手助けをすることであると言える。

　では、20歳未満の少年が、たとえば殺人などの罪を犯した場合、成人が同様の罪を犯した場合と何か違いがあるのだろうか。成人が殺人などの罪を犯した場合、警察官に逮捕された後、殺人の罪で起訴されることになる。そして、地方裁判所において有罪か無罪かが判断されることになるのだが、裁判は公開され（憲37条1項・82条）、しかも殺人など凶悪な罪に関する事件については、裁判員裁判の対象とされている。さらに、確定した訴訟記録は誰でも閲覧することができる（刑訴53条1項）一方、少年が殺人などの罪を犯した場合は、すぐさま裁判により刑罰が科されるということはなく、まず今後矯正可能かどうかを判断するために検察官は当該少年事件を家庭裁判所に送致する。ただし、重大な罪を犯し、刑事処分を相当と認めるときは、少年法20条により、家庭裁判所は事件を管轄検察官に送致し、一般の刑事裁判が行われる。また、少年手続については、通常の裁判所ではなく家庭裁判所の審判に付するものとされ、少年審判は非公開で行われる（少年22条2項）。そして、事件記録の閲覧請求についても、閲覧請求の主体性を限定している（同法5条の2）。

2　少年の実名報道はなぜ禁止されているのか？

　少年法61条は、「家庭裁判所の審判に付された少年又は少年のとき犯した罪により公訴を提起された者については、氏名、年齢、職業、住居、容ぼう等によりその者が当該事件の本人であることを推知することができるような記事又は写真を新聞紙その他の出版物に掲載してはならない」と規定する。これは、推知報道を禁止する規定であり、少年の名誉権、プライバシーの権利を保護することを目的としている。本規定には罰則が定められていないが、旧少年法74条においては、「1年以下の禁錮又は1000円以下の罰金」が規定されていた。戦後、日本国憲法が制定され、同法21条に表現の自由が保障されたことから、

この罰則規定が削除されたという経緯がある。それは憲法21条が保障する表現の自由（情報提供の自由）の規定への配慮であり、その遵守をできる限り社会の自主規制に委ねたものであると言える。

この点、少年法61条の規定について、裁判所はどのような見解を示しているのだろうか。まず、幼稚園児らが殺傷された堺通り魔殺人事件に関する大阪地裁判決（判例(57)）において、少年法61条は、「非行を犯したとされる少年について、氏名、年齢、職業、住居、容ぼう等がみだりに公表されないという法的保護に値する利益を保護するとともに、公共の福祉や社会正義の観点から、少年の有する利益の保護や少年の更生につき優越的な地位を与え強い保障を与えようとするもの」と解している。また、同事件に関する大阪高裁判決（判例㊽）は、少年法61条について、少年の社会復帰を容易にするという「刑事政策的配慮に根拠を置く規定」であり、「少年に対し実名で報道されない権利を付与していると解することはできない」と述べている。

一方、19歳の少年グループによる強盗殺人、殺人等の事件報道をめぐる、いわゆる長良川リンチ殺人事件では、少年法61条は、「……報道の規制により、成長発達過程にあり、健全に成長するためにより配慮した取扱いを受けるという基本的人権を保護し、併せて、少年の名誉権、プライバシーの権利の保護を図っているものと解するのが相当であ」るとし、少年法61条は少年の成長発達権を保護するという立場を採っている（判例㊾）。これに対し、同事件に関する最高裁判決（判例㉘）および差戻後の名古屋高裁判決においては、少年法61条の趣旨については言及していない。

いずれの判決においても、少年法61条の目的は、少年のプライバシー権等を保護するという点では一致しているものの、そのことを理由に少年に対し「実名で報道されない権利」までは付与していないと述べる判決や、同条は少年の成長発達権を保護しているという判決があり、裁判所の見解は一致していないといえる。ただ、先に触れた名古屋高裁判決のいう「成長発達権」については、いかなる具体的内容をもつものなのか、明確な定義がないという批判が憲法学界からなされている。

3　推知報道の判断基準

　前述したように、少年法61条は推知報道を禁止しているが、誰を基準にして「当該事件の本人であることを推知することができる」情報であることを判断すべきなのかが問題となる。この点につき、長良川リンチ殺人事件の名古屋高裁判決は、「少年と面識を有する特定多数の読者」ないし「少年が生活基盤としてきた地域社会の不特定多数の読者」を基準として判断すべきであり、結論として当該記事は少年法61条が禁止する推知報道に該当すると判示したのに対し、同事件の最高裁判決では、少年と「面識等のない不特定多数の一般人」という、原審よりも狭い基準で判断すべきであるとし、少年が当該事件の本人であることを推知することができず、結論として本件記事は少年法61条が禁止する推知報道に該当しないとした。

4　少年法61条は憲法に違反するの？

　では、少年法61条は憲法に合致していると言えるのだろうか。この点に関して裁判所は判断を避けている。ただ、憲法と法律の関係性から説明すると、以下のことが言えるのではないだろうか。つまり、憲法は、98条において「国の最高法規」であり、憲法の規定に反する一切の法律はその効力を有しないと規定している。少年法は国会が定めた法律である。よって、この少年法という法律により、少年の推知報道が禁止されるため、少年法が憲法で保障された表現の自由を侵害するものか否かを考える必要があろう。少年法が推知報道を禁止しているから、少年の実名等を報道すること、すなわち表現の自由が制限されると論じることは果たして可能だろうか。また、これに関しては、少年のプライバシーを保護し、少年の更生を促進するという少年法の目的は正当であると言えるが、その理由だけで簡単に表現の自由を制約しても構わないとは言えないという批判がある。

5　インターネット上における少年の実名の公表は認められるの？

　先程までの議論は、テレビや新聞・雑誌における少年の実名報道に関するものであった。では、できごと①のように、少年事件を起こした少年の実名や顔写真がテレビ等においては報道されていないにもかかわらず、インターネット

上で公開されてしまった場合、少年法61条に基づき、事件を起こした少年のプライバシーは保護されるのであろうか。少年法61条に違反しても少年法には処罰規定がないため、できごと①のように、少年事件が起こる度にインターネット上において、少年の実名等を明らかにして犯人捜しが繰り返し行われている。たとえば、2015年に起きた川崎市中1男子生徒殺害事件では、当時18歳の加害少年の情報がインターネット上に晒されるという事態が生じた。これまではマスメディアが一方的に情報を発信できたが、インターネットの普及により、現在においては誰でもインターネットを利用して情報を発信することが可能となったためである。しかし、個人の SNS には少年法は適用されない。少年法61条の規定は「新聞その他の出版物」における報道規制の禁止を定めたものであり、インターネット上のものまで想定して制定されていないのである。少年法61条に従って、テレビや新聞が加害少年の実名等を報道しなくても、インターネットでは加害少年の実名が堂々と公表されている。このような状況では、少年法61条の規定は意味のないものになっているのではないだろうか。ただし、いわゆるプロバイダー責任法に基づき、加害少年やその保護者は、その情報の発信者が誰かについて突き止めることが可能である。無責任に少年の実名等を公表したことに対しては、プライバシー権の侵害や名誉毀損を理由にして損害賠償などの法的責任を問われる可能性があるだろう。

6 「忘れられる権利」とは？

　情報技術が発展し、インターネットによって膨大な情報の中から自分に必要な情報を収集するだけではなく、個人に関する情報をブログや Facebook、Twitter 等の SNS を用いて容易に公開することが可能となった。その一方で、個人にとってインターネット上で公開されると不都合な情報も、サーバーから削除されない限り、半永久的にウェブ上に残存する。そのため、過去に犯した罪により逮捕され有罪判決を受けた旨の報道がインターネットの掲示板に転載され、その情報が何年もの間、公開され続けることによって、プライバシー権の侵害および名誉毀損に苦しむ人々が増加していることから、新たな人権の概念として主張されるようになったのが、「忘れられる権利（インターネット上にある逮捕歴等の個人に関する情報を検索結果から削除されるように検索事業者に求める

権利)」である。そもそも、この「忘れられる権利」が最初に主張されたのは
ヨーロッパである。2014年5月、EU司法裁判所はGoogleを訴えた原告のス
ペイン人男性の過去の情報を忘れられる権利として認め、彼に関する一部の情
報を検索結果から削除させる判断を下した。原告の男性が検索結果からの削除
を求めた情報とは、16年前に社会保障費の滞納から自身の不動産が競売にかけ
られたというものであった。

7 「忘れられる権利」に関する裁判例

　以上のように、過去にインターネット上で公開した個人に関する情報を、検
索結果から削除したいと望む人々から主張された「忘れられる権利」であるが、
下級審においては、明示的に「忘れられる権利」に言及しているものがある。
たとえば、児童売春等処罰法違反の容疑で逮捕され、同法違反の罪により罰金
刑を受けてから3年以上経過してもその逮捕歴がインターネット上で検索可能
となっているとして、人格権侵害を理由として検索エンジンの管理者に投稿記
事削除等の申立てをした事案において、さいたま地裁決定（判例㉑）は、「犯罪
の性質等にもよるが、ある程度の期間が経過した後は過去の犯罪を社会から
『忘れられる権利』を有するというべきである」と判示した。このように、「忘
れられる権利」について明示的に言及したさいたま地裁とは対照的に、その抗
告審である東京高裁決定（判例㊿）は、「忘れられる権利」を明示的に否定した。
東京高裁は、「忘れられる権利」について、「我が国において法律上明文の根拠
がなく、その要件及び効果が明らかではない。……その実体は、人格権の一内
容としての名誉権ないしプライバシー権に基づく差止請求権と異なら」ないた
め、「『忘れられる権利』を一内容とする人格権に基づく妨害排除請求権として
差止請求権の存否について独立して判断する必要はない」と判示した。
　そのため、最高裁判所においても「忘れられる権利」について判断されるこ
とが期待されていたが、最高裁決定（判例㊸）は、「忘れられる権利」に触れる
ことはなかった。最高裁決定は、「……児童買春をしたとの被疑事実に基づき
逮捕されたという本件事実は、他人にみだりに知られたくない抗告人のプライ
バシーに属する事実である」とし、「プライバシー」という用語を明示的に用
いたが、本件においては「本件事実を公表されない法的利益が優越することが

明らかであるとはいえない」と判示した。

　そして、「検索結果の提供は、事業者の表現行為の面がある」とし、削除請求の対象となるとの判断を初めて示した。すなわち、削除を認めるか否かは、①逮捕歴等プライバシーに関わる事実の性質と内容、②事実が伝わる範囲と具体的被害の程度、③当事者の社会的地位や影響力、④表示される記事等の目的や意義、⑤記事掲載時の社会的状況とその後の変化、⑥事実を記載する必要性の6項目を考慮要素として判断すべきであるとした。

　つい最近の事例として、Twitter 社にツイートの削除命令を出した東京地裁の判決がある。東京地裁は、Google などの検索サイトは独自の方針に沿った結果が表示されるため表現行為の側面があり、情報流通の不可欠な基盤になっていると言えるが、Twitter の検索については「投稿日時の順に表示しているにすぎ」ず、表現行為という側面はなく、情報流通の基盤になっているとまでは言えないと判断し、Google の最高裁決定と比べ、より緩和した要件で削除を認めている。

8　「忘れられる権利」は新しい人権か?

　ところで、プライバシーの権利に代表される「新しい人権」については、憲法に規定されていないため、憲法13条の「生命、自由及び幸福追求に対する国民の権利」(幸福追求権) という規定を根拠として、憲法上の保護が与えられる。そもそも、プライバシーの権利は、19世紀末のアメリカにおいて、「そっとしておいてもらう権利」(a right to be let alone) として主張されたのが始まりである。

　一方、わが国において、初めてプライバシーの権利を法的に保護されるものとして承認した判決は、1964年の「宴のあと」事件一審判決 (判例㊵) であった。同判決は、元外務大臣である原告をモデルに、作家三島由紀夫が執筆した小説『宴のあと』によって、原告がプライバシーを侵害されたとして謝罪広告の掲載と損害賠償を請求したものである。東京地裁は、「いわゆるプライバシー権は、私生活をみだりに公開されないという法的保障ないし権利」として理解されると判示したのであるが、ここで注意すべきは、そこでのプライバシーの権利は、憲法上の権利としてではなく、あくまでも私法上の権利 (対私人間) と

して認められたにすぎないということである。なお、現在においては、対公権力との関係においても妥当すべきものと解されている。

　では、学説において、忘れられる権利はどのように位置付けられているのだろうか。学説の多くが、プライバシーの権利とは別に、「忘れられる権利」という概念を日本においても導入することについては慎重である。その一方で、「忘れられる権利」は憲法13条が保障する人格権の１つであり、「犯罪歴がある者でも、所定の刑罰を果たした後は私生活を平穏にすごし、更生を妨げられない法的利益を有することから、犯罪後刑罰を受け相当の期間が経過した後は、正当な理由なく犯罪歴が開示されない権利を認めるものである。そのような意味で、『忘れられる権利』は私生活が尊重される権利に根ざしており、内容自体は新しいものではない」という論者もいる。

9　少年については「忘れられる権利」が認められるの？

　少年は少年法によって守られている。先に触れた少年法61条は、少年事件の推知報道を禁止している。テレビや新聞の報道については、各社における自主規制が働き、少年法61条を遵守していると言えるが、その一方で、雑誌については実際に堺通り魔殺人事件や長良川リンチ殺人事件のように、実名（あるいはイニシャル）や顔写真が掲載されていた。ただ、雑誌についてはその出版物の差止めを裁判所に求めることができるため、差止めが認められれば、それ以上少年のプライバシーの権利等が侵害されることはないだろう。

　では、インターネット上における少年事件の実名等の公表についてはどのように考えればよいのだろうか。つまり、雑誌等の印刷物とは異なり、インターネットの特質として、世界中から情報にアクセスすることが容易であり、情報の拡散スピードは計り知れない上、ある特定の情報に完全にアクセスできなくすることは不可能である。そこで、少年事件の加害者である少年が「忘れられる権利」を主張して、検索結果の削除を求めることが果たして可能であろうか。

　他方で、できごと②のＸは、未成年であった頃にＸ自身が投稿した画像が原因で就職活動において不利な取扱いを受ける可能性があると思い、「忘れられる権利」の侵害を主張し、検索事業者であるＹに対し本件検索結果の削除を求める仮処分命令の申立てをしたわけであるが、Ｘが検索結果の削除を求めた情

報は、過去の犯罪歴ではない。前科と比較して日の丸を焼却する画像には公益性は乏しく、削除を認めるか否かの6項目の考慮要素に照らしても、本件においては検索結果の削除は認められる可能性があると言えるのではないだろうか。では、仮に検索結果の削除が認められた場合、少年の「忘れられる権利」がプライバシーの権利とは別の新しい人権として認められるのだろうか。少年法の目的や、先に触れた2017年最高裁決定に照らして、考えてみてほしい。

5 ヘイト・スピーチ解消のために何ができるだろうか？
◉ヘイト・スピーチを理由とした公の施設の利用拒否・図書の廃棄

できごと

　外国人の排斥などを訴える集団による集会やデモ行進が相次いだことを受けて、国会は、2016年に本邦外出身者に対する不当な差別的言動の解消に向けた取組の推進に関する法律（ヘイト・スピーチ解消法）を制定した。同法は、地方公共団体に対して、「当該地域の実情に応じた施策を講ずるよう努める」ことを求めている（4条2項）。以下は、従来から排外主義団体 X1 による集会やデモ行進に対して市民からの抗議が相次いでいたA市の職員の会話である。

Ｂ：また X1 が、市内にある公園を利用して集会を開きたいと申請してきたらしいですね。

Ｃ：そうみたいだね。市民会館がある地域は、X1 が排斥を主張している対象の人々が多く住んでいるし、ヘイト・スピーチ解消法の趣旨からいっても、あのような集会を止めることはできないのかね。

Ｂ：X1 は過去にも同じような集会を2回開いて、反対する集団と衝突してかなりの混乱が起きたみたいですね。

Ｃ：うん、それをきっかけに、市では、川崎市が作った公の施設に利用に関するガイドラインを参考にして、同じようなガイドラインを作ろうとしているみたいだね。それによると、公の施設において、利用許可の申請があった場合に、ヘイト・スピーチ解消法2条に該当する差別的言動が行われるおそれが客観的な事実に照らして具体的に認められる場合（言動要件）かつ、その者等に施設を利用させると他の利用者に著しく迷惑を及ぼす危険のあることが客観的な事実に照らして明白な場合（迷惑要件）には、当該公の施設の利用について、不許可とすることができるらしいよ。

Ｂ：なるほど、そういえば同時に図書館についての条例を定めるとも聞きましたが、それってどんな条例ですか。

Ｃ：市立の図書館に所蔵されている図書について、外国人の排斥を訴えるなど、ヘイト・スピーチ解消法2条の定義にあたる内容のものは廃棄する、という条例だよ。

B：でも、X1にも表現の自由や集会の自由があるから、勝手に廃棄したら問題に
　なりませんかね。

数か月後

B：市民会館の利用許可を申請して、不許可とされたX1の代表X2が、不許可処
　分が違法であるとして、取消しを求めて訴訟を提起したらしいですね。
C：それだけでなく、X2は、過去に外国人の排斥を訴える著書を執筆し、その本
　はA市立図書館に所蔵され、閲覧に供されていたけど、A市立図書館は新条例に
　基づいて、その本を廃棄したんだ。それで、X2は廃棄によって著作者としての
　人格権を侵害されたと主張して、A市に対して国家賠償法1条1項に基づく損害
　賠償の支払いを求めてもいるんだよ。
B：これらの訴訟は、どうなるんですかね……。

考えてみよう憲法問題

1　ヘイト・スピーチ解消法

　ヘイト・スピーチは近年大きな社会問題となっており、2016年には、本邦外
出身者に対する不当な差別的言動の解消に向けた取組の推進に関する法律（ヘ
イト・スピーチ解消法）が制定された。同法は、ヘイト・スピーチによって、被
害者が「多大な苦痛を強いられるとともに、当該地域社会に深刻な亀裂を生じ
させている」ことを指摘し、このような不当な差別的言動は「許されない」と
宣言している。そして、「更なる人権教育と人権啓発などを通じて、国民に周
知を図り、その理解と協力を得つつ、不当な差別的言動の解消に向けた取組を
推進」することが解消法の目的であるとしている（前文）。同法は、同法が取
り組むヘイト・スピーチを、「専ら本邦の域外にある国若しくは地域の出身で
ある者又はその子孫であって適法に居住するもの」（以下、「本邦外出身者」とす
る）を、「本邦の域外にある国又は地域の出身であることを理由として、本邦
外出身者を地域社会から排除することを煽動する不当な差別的言動」と定義し
た（2条）。これまで、名誉毀損罪や侮辱罪など、既存の法が適用されうるヘ
イト・スピーチとは、特定の人あるいは集団に向けられたものだけであるとさ
れてきた。これに対して、同法が対象とするヘイト・スピーチは、特定の対象

に向けたものだけではない。

　ヘイト・スピーチ解消法は、ヘイト・スピーチを「許されない」としつつも、罰則は定めていない。同法は、国および地方公共団体に対して、本邦外出身者に対する不当な差別的言動の解消に向けた取組みに関する施策を実施することを求めている（4条）。具体的には、相談体制の整備（5条）、教育活動の実施（6条）、広報その他の啓発活動の実施（7条）を、それぞれ国および地方公共団体に対して求めている。地方公共団体に対しては、「国との適切な役割分担を踏まえて、当該地域の実情に応じた施策を講ずるよう努める」ことを求めている（4条2項）。これは、人種構成や差別の現状などが地域によって異なることから、その実情に応じて施策を講じる必要があるためである。

　本件でA市は、同法の成立をうけて、「不当な差別的言動」に対処するため、問題となったガイドラインと条例を制定した。

2　公の施設の利用について

(1)　公の施設の利用について

　地方自治法244条2項は、地方公共団体が設置する公の施設について、「正当な理由」がない限り住民の利用を拒んではならないとし、また同条3項は、住民が公の施設を利用することについて、不当な差別的取扱いをしてはならないと規定する。しかし、ヘイト・スピーチ解消法が地方公共団体に対して、不当な差別的言動の解消に向けた取組みに関して、当該地域の実情に応じた施策を講ずるように求めていることを受けて、神奈川県川崎市などいくつかの地方公共団体が、公の施設の利用に関するガイドラインの作成を試みている。これらのガイドラインは、各施設の利用制限規定の適用について解釈・運用する際の基準として作成された。A市のガイドラインは、ヘイト・スピーチ解消法2条に該当する差別的言動が行われるおそれが客観的な事実に照らして具体的に認められる場合かつ、その者等に施設を利用させると他の利用者に著しく迷惑を及ぼす危険のあることが客観的な事実に照らして明白な場合は利用を拒むことができると規定する。

(2)　どのような場合に、利用を拒むことができるのか

　泉佐野市民会館事件（判例㉓）で、最高裁は、公の施設について、「施設をそ

の集会のために利用させることによって、他の基本的人権が侵害され、公共の福祉が損なわれる危険がある場合」には、「その施設における集会の開催が必要かつ合理的な範囲で制限を受けることがある」と述べる。そして、その「制限が必要かつ合理的なものとして肯認されるかどうかは、基本的には、基本的人権としての集会の自由の重要性と、当該集会が開かれることによって侵害されることのある他の基本的人権の内容や侵害の発生の危険性の程度等を較量して決せられるべきものである」と述べる。条例による市民会館の使用の規制は、「このような較量によって必要かつ合理的なものとして肯認される限りは、集会の自由を不当に侵害するものではな」いとされる。なお、「このような較量をするに当たっては、集会の自由の制約は、基本的人権のうち精神的自由を制約するものであるから、経済的自由の制約における以上に厳格な基準の下にされなければならない」。すなわち、利用を認めるか否かは、問題となる集会が開かれることによる利益と、それによって侵害される利益とを比較衡量して決定される。その比較衡量に当たっては、集会の自由の重要性を考慮しなければならない（いわゆる「二重の基準論」の考え方が反映されている）。

　次に、最高裁は、問題となった条例は、「公の秩序をみだすおそれがある場合」を本件会館の使用を許可してはならない事由として規定しているが、同号は、上記のような趣旨からして、「本件会館における集会の自由を保障することの重要性よりも、本件会館で集会が開かれることによって、人の生命、身体又は財産が侵害され、公共の安全が損なわれる危険を回避し、防止することの必要性が優越する場合をいうものと限定して解すべきであり、その危険性の程度としては、……単に危険な事態を生ずる蓋然性があるというだけでは足りず、明らかな差し迫った危険の発生が具体的に予見されることが必要であると解するのが相当である」として、限定解釈をしている。そして、上記のような「事由の存在を肯認することができるのは、そのような事態の発生が許可権者の主観により予測されるだけではなく、客観的な事実に照らして具体的に明らかに予測される場合でなければならないことはいうまでもない」と述べる。

　また、上尾市福祉会館事件（判例㉕）では、最高裁は、「主催者が集会を平穏に行おうとしているのに、その集会の目的や主催者の思想、信条等に反対する者らが、これを実力で阻止し、妨害しようとして紛争を起こすおそれがあるこ

とを理由に公の施設の利用を拒むことができるのは、……警察の警備等によってもなお混乱を防止することができないなど特別な事情がある場合に限られる」と述べる（いわゆる敵対的聴衆の法理）。

(3)　本件で、利用拒否は許されるか

　A市の条例が求める言動要件と迷惑要件は、上記の最高裁判例を念頭に作成されている。これらの要件が求める、差別的言動が行われるおそれが客観的な事実に照らして具体的に予見されるか否かの判断に当たり、当該団体の過去のデモ活動などを判断材料にせざるをえない。違法な言動であるならともかく、現段階では合法的な活動を過去に行ったことを根拠に、公の施設の利用を不許可とすることの問題が指摘されうる。泉佐野市民会館事件は、「普通地方公共団体が公の施設の使用の許否を決するに当たり、集会の目的や集会を主催する団体の性格そのものを理由として、使用を許可せず、あるいは不当に差別的に取り扱うことは許されない。」と述べている。本件ガイドラインは、集会の目的や集会を主催する団体の性格そのものを理由とした不許可処分を認めているため、思想を理由にした不利益処分とも言える。

　また、公の施設の利用の不許可は表現の事前差止になるか否かという問題もある。これに対して、過去に行われた表現活動と同様のものを将来に向かって差止めることは、そもそも事前抑制に当たらないとの指摘もある。

　そもそも、ヘイト・スピーチについて、迷惑要件が求める「人の生命、身体又は財産が侵害され、公共の安全が損なわれる危険」が果たしてあるのか、という問題もある。少なくとも、ヘイト・スピーチ解消法2条の定義であれば、すべてがこれに該当するとは言えないはずである。このような事態が生じる場合に限定解釈できるとしても、そうであれば現行法で対応可能であり、ガイドラインを設けた意義はない。また、近年では、京都朝鮮学校事件などの影響からか、ヘイト・スピーチを行う団体も、申請段階で露骨な言葉を使用しないなどの様々な工夫を行っている。そうであれば、上記のような事態が発生することを「客観的な事実に照らして具体的に明らかに予測」することは困難であろう。

　さらには、上記の問題点をクリアーできたとしても、ガイドラインを根拠に差止めを認めることは、事実上表現の自由あるいは集会の自由の「規制」に当

たる。ヘイト・スピーチ解消法2条は、罰則をもたない「理念法」であるために、定義の曖昧さ、広汎性の問題を回避できている。事実上の規制となるならば、この定義の問題が再び現れる。

　また、公の施設であっても、公園のような開放型施設と、市民会館のような閉鎖型の施設とでは分けて考えるべきであるとの指摘もある。

　本件の問題を考えるに当たっては、これらの諸問題を検討する必要がある。

3　著書の廃棄

(1)　図書館と著者の権利

　表現の自由を保障する憲法21条1項は、国家に対して、個人の表現の自由を不当に侵害することを禁止するものである。これは、個人が国家に対して、表現の場所などを提供するよう求める権利を保障しているものではない。つまり、本件でX2は、A市立図書館に対して、自己の著書を購入するように要求する権利はない。しかし、本件では、すでに購入して閲覧に供されていた本を廃棄する事例である。

　司書の独断による図書の廃棄が問題となった船橋市西図書館事件（判例㉚）では、最高裁は、「公立図書館は、住民に対して思想、意見その他の種々の情報を含む図書館資料を提供してその教養を高めること等を目的とする公的な場」であり、「公立図書館の図書館職員は、公立図書館が上記のような役割を果たせるように、独断的な評価や個人的な好みにとらわれることなく、公正に図書館資料を取り扱うべき職務上の義務を負うものというべきであり、閲覧に供されている図書について、独断的な評価や個人的な好みによってこれを廃棄することは、図書館職員としての基本的な職務上の義務に反するものといわなければならない」と述べる。また、公立図書館が、「住民に図書館資料を提供するための公的な場であるということは、そこで閲覧に供された図書の著作者にとって、その思想、意見等を公衆に伝達する公的な場でもある」ため、「公立図書館の図書館職員が閲覧に供されている図書を著作者の思想や信条を理由とするなど不公正な取扱いによって廃棄することは、当該著作者が著作物によってその思想、意見等を公衆に伝達する利益を不当に損なうものといわなければならない」と述べる。そして、このような著作者の利益は、「法的保護に

値する人格的利益であると解するのが相当であり、公立図書館の図書館職員である公務員が、図書の廃棄について、基本的な職務上の義務に反し、著作者又は著作物に対する独断的な評価や個人的な好みによって不公正な取扱いをしたときは、当該図書の著作者の上記人格的利益を侵害するものとして国家賠償法上違法となるというべきである」と述べる。

　著作者に対する反感や否定的評価から廃棄を行った船橋市西図書館事件では、最高裁は、当該廃棄は「不公正な取扱い」による破棄であるため、著作者は人格的利益を違法に侵害されたものと言うべきであるとする。これに対して、本件における著書の廃棄は、司書の独断ではなく、A市の条例に基づくものである。

　選書の段階において、予算や物理的限界などから、図書館にはある程度の裁量を認めざるをえない。船橋市西図書館事件の差戻控訴審（判例㊿）では、「公立図書館において、その著作物が閲覧に供されることにより、著作者は、その著作物について、合理的な理由なしに不公正な取扱いを受けない」という利益を取得するとされた。著作者には、図書館に対して自己の著書を購入するように求める権利はないが、いったん図書館が著書を購入し、閲覧に供したならば、不公正な取扱いを受けないという、法律上保護された権利を取得する。そして、不公正な取扱いにより廃棄された場合にはこの権利が侵害されたと判断されうる。すなわち、不公正でない扱いによる廃棄の場合、著作者の権利の侵害はない。

(2)　本件ではどのように考えるべきか

　本件は、司書が個人的な嗜好に基づいて廃棄を行ったのではなく、条例に基づく処分である。さらに、その条例は、ヘイト・スピーチ解消法が、地方公共団体に対して解消に向けた取組みに関する施策を実施することを求めていることに応えて制定されたものである。このような場合が、不公正な取り扱いになるか否かが問題となる。

　船橋西図書館事件では、「著作者の思想の自由、表現の自由が憲法により保障された基本的人権であることにもかんがみると、公立図書館において、その著作物が閲覧に供されている著作者が有する上記利益は、法的保護に値する人格的利益である」と述べたうえで、公立図書館の図書館職員が著作者または著

作物に対する独断的な評価や個人的な好みによって不公正な取扱いをしたとき
は、著作者の人格的利益を侵害するとしている。「著作者又は著作物に対する
独断的な評価や個人的な好みによって不公正な取扱いをしたとき」は当然に著
作者の法的利益を侵害されたと判断されるが、それ以外にどのような場合に著
作者の法的利益を侵害されたと判断されるのか、同判決からは明らかでない。
しかし、「著作者の思想の自由、表現の自由が憲法により保障された基本的人
権であることにもかんがみる」ならば、同判決の射程を狭く見るべきではない。
上で見たように、ヘイト・スピーチ解消法は、確かに地方公共団体に対して、
ヘイト・スピーチの解消に向けた取組みに関する施策を実施することを求めて
いるが、これは努力義務規定であり、地方公共団体に具体的な権限を付与した
ものではない。そうであるならば、地方公共団体が、特定の表現内容に着目し
て、その内容に対する否定的な評価を理由に廃棄の対象とすることは、不公正
な取り扱いであると言える。また、「廃棄」というのは、「閲覧禁止」などに比
べて、強い規制であると言える。この点の検討も必要となる。

　これに対して、図書館がすべての著書を所蔵する義務がなく、また、問題と
なった図書が一般には利用可能である以上、本件の図書館による廃棄処分は違
法ではないと考えることもできる。ある雑誌記事が、少年法61条が禁止する推
知報道に当たるおそれがあるため、閲覧禁止となったことが争われた事件で、
東京地裁は、「法律に抵触する可能性がある図書の利用方法に制限を加え、閲
覧を禁止することは、その目的において正当なものであるといえる」と述べて
いる（なお、本件では、問題となった記事が少年法61条に抵触しない旨の大阪高裁判決
が上告取下げにより確定した後は、閲覧禁止の措置が解除されており、この点もあわせ
て考慮されている）。この事件では著作者の権利が問題となったわけではない
が、法律に抵触する著作物の閲覧禁止について、その措置の目的自体に合理性
が認められるとしている点が注目される。ヘイト・スピーチ解消法は、ヘイ
ト・スピーチが違法であるとは述べていないが、「許されない」と述べている。
この点を考慮するならば、廃棄としたことについて、その目的は正当であった
と主張することも可能である。

6 営業行為にはどのような競争ルールが適切だろうか？
◉地域電力会社に対する「取戻し営業行為」の規制

できごと

【電力自由化前】

地域電力会社

↑ 小売供給契約 ↓

需要家

【電力自由化後】

地域電力会社　新電力

小売供給契約

需要家

＊「需要家」というのは、一般家庭などの顧客のことである。

2016年4月、改正電気事業法の施行により、一般家庭など向けの低圧区分の電力について、いわゆる「電力自由化」が実施され、一般家庭などは、小売供給契約を締結する際に、地域電力会社およびそれ以外の電力会社（いわゆる「新電力」）を含む複数の事業者から選択できるようになった。

一般家庭向けの電力自由化の目的は、上記電気事業法等の一部を改正する法律の立法に当たり、以下のように説明されている。

> 「東日本大震災以降、我が国が直面している新たなエネルギー規制を克服し、現在および将来の国民生活に責任あるエネルギー政策を構築するためには、電気の安定供給の確保、電気料金の最大限の抑制、需要家の選択肢や事業者の事業機会の拡大を目的とし、広域系統運用の拡大、小売及び発電の全面自由化、法的分離の方式による送配電部門の全面自由化、法的分離の方式による送配電部門の中立性の一層の確保を改革の三本柱とする電力システム改革を着実に実施していくことが極めて重要であります」
> （第186回・衆議院における2014年（平成26年）4月23日・経済産業委員会議事録22頁、茂木国務大臣の説明）

【スイッチング】

地域電力会社　新電力

契約解除 ×　　　　○契約締結

需要家

電力自由化に伴い、需要家が、小売供給契約の相手方として、地域電力会社から新電力に契約先を切り替えることを、「スイッチング」という。

しかしながら、需要家が新電力にスイッチン

グを行うためには、予め地域電力会社に対してスイッチングを行う旨申し込まなければならない。そして、スイッチングの申込みを受けた地域電力会社は、スイッチングを妨げる目的で、需要家に対して、新電力が対抗することができないような価格を提示するなどの、いわゆる「取戻し営業行為」を行うことがあった。

これに対して、経済産業省は、2018年12月27日、「電力の小売営業に関する指針」を改定し、「需要家からの小売供給契約の解除時の手続における問題となる行為」として、以下のように定めた。

【取戻し営業行為】

需要家が切替え後の小売電気事業者にスイッチングを申し込んでから、スイッチングが完了し、切替え後の小売電気事業者による小売供給が開始されるまでの間（以下「スイッチング期間」という。）に、切替え前の小売電気事業者が、当該需要家が切替え後の小売電気事業者へのスイッチングを申し込んだ旨の情報（以下「スイッチング情報」という。）を知りながら、当該需要家が既に申し込んだスイッチングを撤回させることを目的とする行為（ただし、需要家の要請を受けて行う場合を除く。以下「取戻し営業行為」という。）を行うことは、これによりスイッチングを阻害し、電気事業の健全な発達に支障が生じるおそれがあり、問題となる。なお、取戻し営業行為には、例えば、需要家のスイッチングの申込を知った後に行う、新たな契約内容の提案、金銭その他の経済上の利益の提示及び取引関係又は資本関係を理由とする要請などが含まれ、切替え前の小売電気事業者が需要家に対して旧小売供給契約の解除に伴って発生する違約金の情報（金額、それに至る算定及びその根拠条項）を説明することは問題とならないが、違約金の説明を名目に需要家へ接触する場合であっても、違約金の説明を正当な理由なく繰り返す行為などは、取戻し営業行為として問題となる。

【取戻し営業行為の例】

「電力の小売営業に関する指針」に違反した場合には、電力・ガス取引等監視委

員会から業務改善勧告（電気事業法66条の12第1項）を受けるだけでなく、場合によっては国から業務改善命令（同2条の17第1項）、登録取消処分（同2条の9第1項）などの行政処分または罰則の適用などの刑事処分を受けるおそれがあるため、地域電力会社は、「電力の小売営業に関する指針」に違反してはならず、取戻し営業行為を行うことができなくなった。

このことについて、憲法上の問題点はないのだろうか。

考えてみよう憲法問題

1 営業活動の自由

憲法22条1項は「何人も、公共の福祉に反しない限り……職業選択の自由を有する」と定めるところ、同項は職業選択の自由だけでなく選択した職業遂行の自由も保障していると考えられる。

このことは、判例⑮によっても、次のように示されている。

「憲法22条1項は、何人も、公共の福祉に反しないかぎり、職業選択の自由を有すると規定している。」「職業は、ひとりその選択、すなわち職業の開始、継続、廃止において自由であるばかりでなく、選択した職業の遂行自体、すなわちその職業活動の内容、態様においても、原則として自由であることが要請されるのであり、したがつて、右規定は、狭義における職業選択の自由のみならず、営業活動の自由の保障をも包含しているものと解すべきである」。

2 電力事業の遂行は営業活動の自由として保障されるか

本件できごとにおいて地域電力会社が行う取戻し営業行為も、地域電力会社が営む電力事業の遂行に当たり、その顧客を維持するための営業活動の1つである。そして、これが憲法22条1項の職業活動の自由あるいは営業活動の自由として保障されるか否かを考えなければならない。

この点について、少なくとも電力自由化以前は、電力事業は憲法22条1項によって保障される営業活動の自由の範囲に含まれないと考えられていたと思われる。電力事業は、本来私人が有していない独占的な権利や地位であると考え

られてきたためである。

　このことは電気事業法の文言とその解釈にも現れている。すなわち、電気事業法5条本文は、「経済産業大臣は、第3条の許可の申請が次の各号のいずれにも適合していると認めるときでなければ、同条の許可をしてはならない」と定めるが、この「許可」は講学上の「特許」であると考えられてきた。

　法規において「許可」とされているものには「特許」と「許可」の2つがある。「特許」は本来私人が有していない独占的な権利や地位を与える行政行為であり、行政庁は最も能力のある申請者に許可を与えることができる。他方、「許可」は、「申請が競願関係にある場合には、行政庁は、先願者の申請が許可の要件を満たすものである限り、これに許可を与えなければならない」（判例⑩、公衆浴場営業許可に関する判例で、講学上の「許可」に関するもの）というものである。

　そして、電力事業は本来私人が有していない独占的な権利や地位であると考えた上で、電気事業法3条の「許可」をこのような独占的な権利や地位を与える「特許」と解釈してきたのである。

　しかしながら、電力自由化が進み多数の新電力が参入している現在においても、このような解釈を維持できるかは疑問である。とりわけ電力事業の内、小売りについては、できごと記載のとおり2016年4月に全面自由化が実施され、電力の小売事業が、本来私人が有していない独占的な権利や地位であるとまでは言えないのではないだろうか。そうであるとすれば、電力事業の内、小売りの遂行と、それに当たり顧客を維持するための営業活動の1つである取戻し営業行為は憲法22条1項が定める営業活動の自由として保障されると考える余地は十分にあると思われる。

3　目的二分論とは何か

　仮に取戻し営業行為が営業活動の自由として保障されるとするならば、これに対する規制が許されるか否かを検討することになる。このような職業選択の自由、営業活動の自由に対する規制の可否については、従来、「目的二分論」と呼ばれる判例法理があるとされてきた。

　すなわち、職業選択の自由の規制について、内在的規制と政策的規制を区別した上で、前者は他者の生命・健康への侵害を防止するなどの消極的・警察的目的を達成するための規制、後者は積極的目的を達成するための規制と考える。そして、消極規制の場合は厳格な基準、積極規制の場合は緩やかな審査によるべきと考えるのである。

4　「積極目的」とは何か

(1)　「積極目的」の内容に関する2つの見解

　こうした目的二分論に対しては、批判もあるものの学説の多くに支持されているとされる。ただし、目的二分論を支持するとしても、「積極目的」の内容をどのように考えるかについては、見解の相違がある。

　経済的弱者の救済に限定する見解と、より広く「国民経済の円満な発展や社会公共の便宜の促進、経済的弱者の保護等の社会政策及び経済政策上」（判例⑮）の目的とする見解である。

(2)　「積極目的」を経済的弱者の救済に限定する見解

　まず、積極目的を経済的弱者の救済に直結する目的に限定する見解がある。あるいは、「弱者保護のために強者を規制する場合には緩やかな審査」でよいという見解である。

　このような考え方によれば、既存業者が弱者である場合において、既存業者を保護する目的で新規参入規制を行うときには、その目的は積極目的であり規制に対する審査は緩やかでよいことになる。実際、判例㉒は「公衆浴場業者が経営の困難から廃業や転業をすることを防止し、健全で安定した経営を行える」ことが規制の目的であると述べて、まさに新規参入者に対する参入障壁としての機能を正面から認め、緩やかな審査を行っている。

⑶ 「社会政策及び経済政策上」の目的とする考え方

これに対して、より広く「社会政策及び経済政策上」の目的一般を積極目的とする考え方があり、判例⑮を含め判例はこのような考え方であると思われる。その理由は、積極目的規制の「評価と判断の機能は、まさに立法府の使命とするところ」（判例⑪）であるとためである思われる。

しかしながら、積極目的をこのように広く考えたときには、およそすべての社会経済政策が積極目的とされ、スクリーニングの機能を営まないだけでなく、立法者が消極目的の強力な規制を積極目的に偽装する事態が生じかねない。それゆえに、積極目的規制であっても、規制の強度が強力である場合には厳格な審査を行う余地を残すべきであると思われる。

以上のとおり、「社会政策及び経済政策上」の目的一般を積極目的と考えた場合であっても、規制の強度を考慮し、より厳格な審査を行う余地はある。

⑷　規制の強度を考慮すべきであること

上記のとおり、積極目的を社会政策及び経済政策上」の目的一般に広げる見解であっても、規制の強度が強力である場合には厳格な審査を行う余地を残すべきである。

また、積極目的を経済的弱者の救済に限定する見解であっても、たとえば、規制の対象が新規参入者で、かつ、新規参入者が弱者である場合において、その弱者である新規参入者に対して強力な規制を行うときには厳格な審査を行うことになる。

したがって、積極目的をどのように考えるのであっても、規制の強度が強力であるときには厳格な審査を行うことになる。

たとえば新規参入者に対して開業場所について距離制限を設けることは強力な規制となる。規模の小さな新規参入者（個人事業主や個人が法人成りした程度の会社）が開業する場合には「経営上の採算」すなわち「商圏」（既存の競合店と市場規模）となる場所を考慮することは必須であるし（たとえば、独立行政法人・中小機構もインターネットにおいて公開している記事において、開業時における商圏調査の重要性を指摘している（「小売店経営者が自分でできる商圏調査」http://jnet21.smrj.go.jp/establish/handbook/theme/facilitation/jirei-e009.html)）、規模の小さな新規参入者にとっては自身の生活圏からは遠く離れた場所で開業することは極めて困

難である。それゆえに、開業場所について距離制限を受けることは、新規参入者に対して、文字通り「開業そのものの断念にもつながりうる」。判例⑮も新規参入者に対する規制の程度が強いことを厳格な審査の根拠にしているのではないかと思われ、「薬局の開設等の許可における適正配置規制は、設置場所の制限にとどまり、開業そのものが許されないこととなるものではない。しかしながら、薬局等を自己の職業として選択し、これを開業するにあたつては、経営上の採算のほか、諸般の生活上の条件を考慮し、自己の希望する開業場所を選択するのが通常であり、特定場所における開業の不能は開業そのものの断念にもつながりうるものであるから、前記のような開業場所の地域的制限は、実質的には職業選択の自由に対する大きな規制的効果を有するものである」と述べた上で、開業場所について距離制限を行うことが強力な規制であることを認めて厳格な審査を行っている。

　そうであれば、積極目的の内容に関する見解の相違にかかわらず、弱者に対して強力な規制を行うときには厳格な審査が必要であると考えられる。

　他方、反対に規制の強度が緩やかな、たとえば単なる職業遂行の規制については緩やかな審査で足りることになる。また、厳格な審査を行う余地を残すために積極目的を経済的弱者の救済に限定する見解に対しては、単なる職業遂行の規制についてまで、そのように積極目的を限定することは不適切ではないか、という批判が向けられることになる。

5　本件における取戻し営業行為に対する規制はどうか

　以上のように積極目的については、経済的弱者の救済に限定する見解と社会政策および経済政策上の目的一般ととらえる見解があるが、それぞれの見解から見て本件における取戻し営業行為に対する規制が許されるか否かを検討する。

(1) 経済的弱者の救済に限定する見解

　積極目的を経済的弱者の救済に限定する見解によれば、まず、本件規制の目的が経済的弱者の救済にあるか否かを検討することになる。

　(i) 新電力は経済的弱者か　　まず、本件規制によって利益を得る新電力は弱者とは言えない。新電力、とりわけ一般家庭向けの電力を供給する新電力

は、弱者としての新規参入者ばかりではない。一般家庭向けの電力を供給する新電力のうち有力な者は、一般家庭を顧客とした事業を営んでいて、しかもその事業が、これまた講学上の「特許」により守られてきた極めて規模の大きな会社（具体的には携帯電話会社（電気通信事業者）やガス会社（一般ガス事業者）など）であり、到底、弱者とは言えない。むしろ、体力で地域電力会社を上回る会社さえある。しかも、これらの会社は自身が「特許」を有する事業の消費者を多数有していることに加えて、サービス料金（携帯電話料金やガス料金）と電気料金を抱き合わせることで安価な電気料金を実現しており、強力な営業力を有している。

　それゆえに、新電力が経済的弱者であるとは言えない。

　(ii)　需要家は経済的弱者か　　次に、需要家が経済的弱者であろうか。

　電力自由化に関する「電力の小売営業に関する指針」の目的は、「電気の需要家の保護の充実を図り、需要家が安心して電気の供給を受けられるようにするとともに、電気事業の健全な発達に資すること」であり、これは一見すれば弱者である需要家の救済が目的であるように思われる。しかし、そう言い切ってよいか疑問に思われる点がある。

　すなわち、「電力システム改革」は、目的を達成する手段として「小売及び発電の全面『自由』化」、「法的分離の方式による送配電部門の全面『自由』化」など、公権力の関与を減らし「自由」になる範囲の拡大を図るものである。

　そして、たしかに、自由化の目的は経済的弱者である消費者の救済であると考えることは可能であり、本件でも消費者保護が目的であると考えることはできる。たとえば、できごと記載の2014年4月23日・経済産業委員会議事録から少し遡って2013年1月31日・衆議院本会議議事録記載の内閣総理大臣の発言、電力自由化の目的の1つとして、「消費者の電力選択の幅を広げる観点」を挙げる発言があり、この発言の趣旨は消費者の意思決定を支援する趣旨であると思わる。

　しかし、消費者の意思決定支援は電力自由化の最終的な目的ではなく、電力自由化の最終的な目的は国民全体のエネルギー政策であるように思われ、このことは、自由な競争市場によって我が国が直面している新たなエネルギー規制を克服し、現在および将来の国民生活に責任あるエネルギー政策を構築する

（できごと記載の前掲・経済産業委員会議事録）という発言によく表れているように思われる。このようは発言の背景には、自由な競争市場において私的利益を追求することで社会における資源の配分を効率的に行うという新自由主義的な思想があると思われ、経済的弱者の救済という目的からはかなり距離があるように思われる。

　(iii)　厳格な審査を行うべきであるのか　　そうであるとすれば、積極目的を経済的弱者の救済に限定する見解に立つのであれば、本件規制の目的を積極目的ということは困難である。

　しかし、本件規制が積極目的でないからといって、直ちに厳格な審査を行うべきかといえばそうとは言えない。規制を受ける地域電力会社はこれまで「特許」を得て多数の需要家を消費者として抱え込んでおり、そのような地域電力会社が行う営業行為の1つに対する規制、単なる職業遂行の規制に過ぎないものについて厳格な審査を行うことは妥当とは言えないように思われる。積極目的を経済的弱者の救済に限定する見解に対して上記4(3)で述べた批判、すなわち、単なる職業遂行の規制については積極目的を限定することは不適切ではないかという批判が生じるのは、本件のような事案において不都合が生じるためであると考えられる。

　(2)　社会政策および経済政策上の目的一般を積極目的と考える見解

　これに対して、社会政策および経済政策上の目的一般を積極目的と考える見解であれば、本件規制も含めて電力自由化が社会経済政策であることは疑いない。また、上記のとおり、規制の強度も強力とは言えないことからも、厳格な審査を行うべきであるとは言えない。

　(3)　結　論

　以上のとおり、規制目的二分論における積極目的についてどのような見解に立ったとしても、規制の強度を考慮することが必要であり、規制の強度を考慮すれば本件規制は合憲であると考えられる。

7 人違いの逮捕・取調べは許されるのだろうか?
◉誤認逮捕と人身の自由

できごと

　X(20代女性)は、A市の私立大学に通う大学生である。ある日、Xは、家の近所のスーパーマーケットにお昼ご飯を買いに行ったところ、万引きをしたとして窃盗容疑で逮捕されてしまった。これは誤認逮捕であり、万引きをした人は別にいるとXは警察官に主張したが、全く聞いてもらえず、Xは警察署の留置場に勾留された。

　以下は、警察署内での取調べ中の会話である(なお、取調べにおける警察官の行為はすべて実際に行われていたことであるが、被疑者はXのような大学生ではなく暴力団組員であった)。

X:だから、さっきから言っているじゃないですか。私は店の物を盗んだりしていません!

警察官Y:はぁ?何言ってんのや。店の防犯カメラにもお前が店の物を盗るとこが映ってんねん!さっさと白状せえや!

X:どうして、してもいないことを認めないといけないのですか?

警察官Y:ほぉ、これでもまだ認めへんのか?

　そう言うと、警察官YはXがかけていた眼鏡を外し、どこからともなく玉ねぎを取り出し、その汁をXの目にかけた。

X:目が、目が!なんでこんな酷いことをするんですか。この前、大学の憲法の講義で我々国民には人身の自由が保障されていると学びました。これは明らかに人身の自由の侵害じゃないですか!

警察官Y:憲法?そんなもん知るか!悪いことしたら、お仕置きするのがわれらの仕事や!とっとと吐け!

警察官Z:したこと認めへんのやったら、逆さづりにしたるわ!

X:勘弁して下さい!

　以上のような警察官による威圧的な取調べが、連日のように続き、Xは心身ともに衰弱していった。Xは弁護を担当してくれる弁護人に毎日、励まされていたものの、もう限界だと思った勾留期間20日目で、人違いで逮捕されていたことが判明し、ようやく釈放された。釈放後、警察からは直接謝罪されることもなく、ただ謝罪の手紙が送られてきただけであった。Xは、警察のこのような態様に対して腹立たし

く思うのと同時に、あの取調べのことを思い出すと恐くて涙が止まらないのであった。

　以上のできごとにおいて、どのような憲法上の問題が考えられるだろうか。

考えてみよう憲法問題

1　人身の自由とは？

　人身の自由とは、人の身体が肉体的にも精神的にも拘束を受けないことを意味するが、そもそもなぜ人身の自由を保障する規定が憲法に規定されているのだろうか。過去の専制主義が支配していた時代に、正当な理由のない逮捕・監禁・拷問、および刑罰権の行使によって、恣意的な人身の拘束が行われていた。このような過去の経験に基づき、わが国の憲法にも人身の自由を保障する規定が設けられた。明治憲法23条で、「日本臣民ハ法律ニ依ルニ非スシテ逮捕監禁審問処罰ヲ受クルコトナシ」と規定し、さらに25条において「日本臣民ハ法律ニ定メタル場合ヲ除ク外其ノ許諾ナクシテ住所ニ侵入セラルルコトナシ」と定めていたが、その保障は十分なものではなかった。それゆえ、治安維持法のもと、反国家的な思想を取り締まる際に、恣意的な捜索・逮捕・監禁を行い、残忍な拷問を伴う審問が行われていた。しかし、人身の自由が保障されなければ、その他の自由が成立しないため、日本国憲法は、このような過去の歴史を踏まえて、18条において奴隷的拘束・苦役からの自由といった原則的規定のほか、31条以下に人身の自由にかかわる手続について詳細な規定を設けている。

2　適正手続の保障について

(1)　憲法31条の意義

　31条は、「何人も、法律の定める手続によらなければ、その生命若しくは自由を奪はれ、又はその他の刑罰を科せられない」と定める。国家が刑罰権を独占しているとはいえ、その行使の濫用により人々の自由が侵害、制限されるおそれがある。よって、刑罰権の行使の濫用を抑止し、国民の自由を守る目的から、31条をはじめとして、33条から39条において詳細な規定が設けられている。

31条は人身の自由についての基礎的規定であり、「何人も、……適正な法の手続 (due process of law) によらず、生命・自由または財産を奪われることはない」と定めるアメリカ合衆国憲法修正5条 (および修正14条1節) に由来するとされる。

(2) 「法律の定める手続」の意味

本条にいう「法律の定める手続」の意味については、様々な議論がなされているが、通説は、手続が法律に定められることを要求するだけではなく、法律で定められた手続が適正でなければならないこと、実体についても法律で定められなければならないこと、法律で定められた実体規定も適正でなければならないことを意味する、と解する。以下、手続的側面と実体的側面に分けて概観していく。

(i) 告知と聴聞　　憲法31条は、「告知と聴聞」(notice and hearing) を受ける権利を保障している。「告知と聴聞」とは、公権力が国民に刑罰その他の不利益を科す際、当事者にあらかじめその内容を伝え、当事者がそれについて弁解したり防禦する機会を与えなければならないというものである。この点につき、最高裁判所も、第三者所有物の没収が争われた事件において、第三者の所有物を没収する際、当該第三者に事前に告知・弁解・防禦の機会を与えないことは31条に違反すると判示している (判例⑦)。

(ii) 法内容の適正　　憲法31条は、手続の前提となる要件についても法律で定め、かつその内容が適正であることを要求している。よって、刑事手続についても、どのような行為を行えばどのような刑罰が科せられるかについて、あらかじめ「法律」で定められなければならない。この考え方は、罪刑法定主義と呼ばれるもので刑事法の重要な原理であるが、本条から生ずると理解するのが適当であろう。

また、刑罰法規は不明確なものであってはならないということも、本条の求めるところと解される。この点につき、最高裁判所は、公安条例の合憲性が争われた事件 (徳島市公安条例事件・判例⑯) において、刑罰法規が曖昧不明確のゆえに憲法31条に違反する可能性について認めてはいるものの、違憲とは判断していない。

3 逮捕された後、どうなるの？

　憲法は、33条から39条にかけて刑事手続上の諸権利を定めている。33条から35条は、捜査過程における被疑者の権利を保障している。

(1) 逮　捕

　憲法33条は、「何人も、現行犯として逮捕される場合を除いては、権限を有する司法官憲が発し、且つ理由となっている犯罪を明示する令状によらなければ、逮捕されない」と規定する。逮捕について令状主義を定めたのは、恣意的な人身の自由の侵害を阻止するためである（刑訴199・200条参照）。

　通常の逮捕は、検察官、検察事務官または司法警察職員という捜査機関の職員によって行われるが（刑訴199条）、現行犯逮捕は一般人でもできる（刑訴213条）。また、緊急逮捕の場合、つまり、緊急で裁判官の令状を求めることができない場合には、逮捕後に令状を求めることを条件に被疑者の逮捕を認めている（刑訴210条）。この緊急逮捕については学説上は異論もあるが、最高裁判所は、「罪状の重い一定の犯罪のみについて、緊急已むを得ない場合に限り、逮捕後直ちに裁判官の審査を受けて逮捕状の発行を求めることを条件とし、被疑者の逮捕を認めることは、憲法33条規定の趣旨に反するものではない」としている（判例③）。

　逮捕に関し、問題とされることが多いのが、いわゆる別件逮捕である。別件逮捕とは、被疑者を逮捕するだけの証拠がない場合に、証拠のある別の軽微な事件（別件）で逮捕し、証拠のない事件について取り調べを行うという捜査方法のことである。別件逮捕をする目的は、多くの場合取調べにおいて自白を得るために行われる。しかし、そもそも証拠がなく疑うべき「相当な理由」がないにもかからわず、自白を強要され、してもいないことをしたと認めてしまう可能性もあるだろう。冤罪事件はこのような過程で生み出されると言える。この点、別件逮捕について、33条が定める令状主義の趣旨からすると問題があり、これを違憲とする下級審判決もある（判例㊶）。

(2) 抑留と拘禁

　憲法34条は、「何人も、理由を直ちに告げられ、且つ、直ちに弁護人に依頼する権利を与へられなければ、抑留又は拘禁されない。又、何人も、正当な理由がなければ、拘禁されず、要求があれば、その理由は、直ちに本人及びその

弁護人の出席する公開の法廷で示されなければならない」と規定する。身体の拘束とは、一時的に拘束する抑留（刑訴法上の留置）と、比較的継続して拘束する拘禁（刑訴法上の勾留）に区別することができるが、いずれの拘束についても、「理由」を「直ちに」告げることと、「弁護人に依頼する権利」を「直ちに」与えることが要求される。これは、公権力により身体の自由を奪われた者が、その理由を知ることによって自己の自由を防禦できるようにすることを保障するものである。

（i） 勾留の期間は？　勾留の期間については、刑事訴訟法に詳細な規定がある。刑事訴訟法によれば、被疑者を逮捕した後、一時的に身体を拘束する処分を「留置」といい、司法警察員による逮捕の場合は、48時間以内に検察官に送致する手続をしなければならない（刑訴203条）。また、検察官による逮捕の場合、検察官は「被疑者が身体を拘束された時から48時間以内に裁判官に被疑者の勾留を請求しなければならない」（同204条）し、司法警察員から送致された場合は、24時間以内に裁判官に被疑者の勾留を請求しなければならない（同205条）。よって、被疑者は最大72時間（3日間）、身体を拘束されることになる。「拘禁」は、刑事訴訟法上の勾留のことであるが、起訴前勾留は請求した日から最大20日間に限定されており、起訴前の被疑者の身体の拘束は、最大で23日間に及ぶことになる。

（ii） どこで身体を拘束されるの？　では、勾留されている間、被疑者（被告人）はどこで身体を拘束されるのであろうか。**できごと**のXは、釈放されるまで警察署の留置場で身柄を拘束されていたが、本来、法務省管轄下にある刑事施設（拘置所および拘置支所）に勾留されることとされている（刑事収容3条）。ただ、これには例外規定が存在し、警察署にある留置場を刑事施設に代用してもよいとされている（刑事収容15条1項、旧監獄法1条3項）。いわゆる「代用監獄」である。この規定により、Xは拘置所ではなく留置場に拘束されていたと言える。実際のところ、Xのように被疑者は留置場に勾留されることが多くあり、このような状況下に被疑者の身柄を置くことは、恣意的な捜査により、被疑者の取調べにおいて虚偽の自白を引き出す危険性が高まるとして、以前から問題視されてきた。

たとえば、実際の事例として志布志事件（判例(59)）が挙げられる。この事件

は、2003年の鹿児島県議会議員選挙において当選した元県議が有権者を買収したことを理由に、元県議と住民ら15人が公職選挙法違反で逮捕・勾留され、そのうち13人（うち1人は公判前に死亡）が起訴された事件である。この事件において問題とされたのは、警察が任意同行と言っておきながら、元県議たちに対し強制的な取調べを長時間行った上、数か月から1年以上にわたる長期勾留を行った結果、警察側がありもしない事件をでっち上げ、元県議らに虚偽の自白を強要したことであった。

　近年、このような状況を改善するため、違法な取調べを防ぐための取調べの可視化が行われている。2016年の刑事訴訟法の改正により、裁判員裁判対象事件等一定の重大事件については、警察および検察は逮捕・勾留されている被疑者の取調べにおいて、全過程を録音・録画することが義務付けられることとなった。

　(iii)　弁護人依頼権（接見交通権）て何？　　ところで、憲法34条は被拘束の被疑者に弁護人依頼権を保障しているが、それとは別に憲法37条において刑事被告人について弁護人依頼権を保障している。できごとのXにも弁護人がついていた。逮捕・勾留された後、警察官による取調べが行われる際、自分の味方となってくれる弁護人が側にいてくれれば心強いが、被告人には国が弁護人を選んでくれるという国選弁護人の制度が設けられていたものの、被疑者については存在しなかった。そのため、被疑者は自分自身で自分のことを弁護してくれる弁護士を探さなければならなかった。しかし、そもそも自分の住んでいる地域に登録している弁護士が存在していない場合、34条が規定する被疑者に対する弁護人依頼権は保障されていると言えるのだろうか。先に触れた志布志事件においても、弁護してくれる弁護士を指名しようにも、自分の居住している地域に弁護士が1人しかいなかったため、別の地域にいる弁護士を指名せざるを得ず、しかも弁護を担当することになった弁護士は、被疑者らが勾留されている留置場まで行くのに片道2時間ほどかかり、短時間しか接見できなかったようである。そのような短時間では、被疑者と弁護人との信頼関係を築くのは困難であり、一方で、弁護人と接見する時以外は常にそばにいる警察官の方を信頼してもおかしくないだろう。このような状況下において、警察に自白を強要されれば、やっていなくても自分がやったと言ってしまいかねない。先に触

れた志布志事件においては、このような弁護士過疎の問題が冤罪を生み出した背景には存在すると言えるが、そのような事情がなくても、起訴前における段階、特に罪を否認している状況においては、弁護人の存在は大きなものであると言えるだろう。

　以上のように、取調べ段階での弁護人の存在は被疑者にとって重要であることから、司法制度改革の一環として2004年、被疑者国選弁護人制度が導入され、2016年の刑事訴訟法改正により、被疑者が勾留された全事件に拡大されている。

⑶　捜索と押収

　憲法35条１項は、「住居、書類及び所持品」に対する「侵入、捜索及び押収」は、一定の要件のもとに発せられた令状によらなければならないとして、不法な捜索・押収からの自由を規定する。そして、同条は、違法収集証拠を排除する趣旨を含むものと解されている。つまり、35条は、証拠物の押収についての適正手続を定めているため、それに違反し押収された証拠物が、犯罪を証明するものであったとしても、証拠とすることはできないということである。この点につき、最高裁判所は所持品検査に関する事件において、結論として証拠能力は肯定したものの、「令状主義の精神を没却するような重大な違法があり、これを証拠として許容することが、将来における違法な捜査の抑制の見地からして相当でないと認められる場合においては、その証拠能力は否定されるものと解すべきである」と判示した（判例⑳）。

4　警察は何をしても許されるのか？

　ところで、警察は一般市民に対し、何をしても許されるのだろうか。できごとにおけるやりとりの中で、警察官が「悪いことしたらお仕置きするのが警察の仕事」と言っていたが、だからといって威圧的な態度で取調べを行ったり、虚偽の自白を強要させ冤罪事件を生み出してもいいのだろうか。警察（検察）によって行使される権力の行使は、被疑者および被告人の基本的人権を侵害するようなものであってはならない。そのことは、警察法２条に規定されている。すなわち、警察の責務は、「個人の生命、身体及び財産の保護に任じ、犯罪の予防、鎮圧及び捜査、被疑者の逮捕、交通の取締その他公共の安全と秩序

の維持に当ること」であるため、その責務の遂行に当たっては、「日本国憲法の保障する個人の権利及び自由の干渉にわたる等その権限を濫用することがあってはならない」のである。警察は、警察法や刑事訴訟法の規定により、被疑者の逮捕や取調べを行うことが許されているが、警察法2条が規定するように、その権限を濫用し、違法な逮捕・取調べを行い、虚偽の自白を強要することは許されないと言えるだろう。

　では、どのような行為が「違法」な逮捕・取調べと言えるのだろうか。以下、できごとの内容に当てはめて説明すると、まずXは、万引きをしたとして、いきなり現行犯逮捕されているが、逮捕するに当たっては憲法31条が規定する適正手続の保障によって、告知と聴聞の機会が与えられなければならない。この点、できごとにおける警察官は、Xの主張を全く聞かず逮捕しているが、Xに対しまず任意捜査として事情を聞くなど慎重な対応をすべきであったと言えるだろう。続いて、Xが警察署の留置場において取調べを受けている際、警察官がXの目に玉ねぎの汁をかけたり、言うことを聞かないと逆さづりにするという脅しは、憲法36条が絶対的に禁止する「拷問」に当たると言えるだろう。36条は、「公務員による拷問及び残虐な刑罰は、これを禁ずる」と規定する。同条がいう「公務員」とは、特に警察官・検察官を念頭に置いているとされる。上記のような警察官の行為は、Xから自白を得るために肉体的・生理的苦痛を与えていると言えるだろう。さらに、Xは逮捕時から一貫して容疑を否認しており、このような状況下における拷問は虚偽の自白を強要するおそれがあると言える。この点、憲法38条1項は、「何人も、自己に不利益な供述を強要されない」と規定する。そして、刑事訴訟法は右規定の趣旨を受けて、「何人も、自己が刑事訴追を受け、又は有罪判決を受ける虞のある証言を拒むことができる」と規定し（刑訴146条）、被疑者および被告人にはいわゆる黙秘権（すべての供述を拒否しうる権利）を保障している（刑訴198条2項・291条3項・311条1項）。よって、できごとの警察官による、虚偽の自白を強要しようとする行為は、憲法38条1項に違反すると言えるだろう。

5　残された問題

　できごとのXは、やってもいない罪で逮捕され、これから自分はどうなって

しまうのか、とても不安だったであろう。しかし、逮捕されすぐに刑務所に収監されることなどなく、憲法や刑事訴訟法の規定に従って刑事手続は行われることが理解できただろうか。一方で、憲法によって人身の自由が保障されているにもかかわらず、裁判の長期化の問題や別件逮捕の問題など、いまだ解決されていない問題もある。また、先には触れていないが、受刑者の人権に関する問題も存在する。実際に2001年から2002年には名古屋刑務所において死亡事件が発生しており、刑務所内における受刑者の取扱いが非人道的であることは以前から指摘されていた。これを契機として、2006年に受刑者処遇法が施行されたにもかかわらず、今なお受刑者の人権を侵害する事件が発生しており、完全に受刑者の人権が保障された状況とは言い難いのが実状であろう。

第 2 部

自己の人生をつくりあげようとする営みと権利

8 おじいさんの手術に同意してもよかったのだろうか？
◉判断能力が不十分な人に対する成年後見人による医療同意と意思決定支援

できごと

　Aさんは、高齢で認知症の症状があり、成年後見制度を利用する成年被後見人であった。BさんはAさんの成年後見人である。そのAさんが体調を崩してしまい、医療行為である手術が必要に見える状況になった。

医師：Aさん、しっかりしてください。これから手術しますからね。いいですか？」
Ａ　：ううん。うう。
医師：意思表示がはっきりできないな。誰かAさんの関係者の方は……。
Ｂ　：Aさんの成年後見人をしておりますBです。Aさん具合良くないんですか？
医師：はい……。これは手術をすることになります。それで、本人の意思表示がはっきりしないので、親族の方に同意をしてほしいのですが。
Ｂ　：Aさんには親族はおられないですね。
医師：困りましたね。じゃあ、成年後見人のBさん、あなたに同意をしていただくことはできませんか？
Ｂ　：先生、ごめんなさい。成年後見人が医療行為に関しての代行決定を行うことはできないことになっているんです。成年後見制度では、成年後見人には医療行為についての同意権はないことになっています。だから、私は、Aさんの医療行為については同意ができないんですよ。
医師：そうですか……。でも、同意してくれる人がいなければ、手術を行うことができません。手術ができないとAさんは死んでしまうかもしれませんよ。それはあってはならないことです。他に同意できる方もおられませんし、Bさん、是非ここはお願いしたいのですが。
Ｂ　：本当はできないんですが、今回はどうしようもないですね。ここは、私が同意をしておくことにしましょう。

数週間後

Aさんをお見舞いに来た友人C：朝のこの時間帯はAも調子がいいね。でもこの前倒れた時は、ほんと危なそうだったなあ。今は調子良いの？

Ａ：ああ、今は悪くないよ。ただねえ、この前のやつはたまにああなるんだよ。前にも同じようなことがあって、それは何日か休んでいたら治ったんだよね。今回のはいくらなんでも大げさだよ。

Ｃ：ああ、そういえばそんなこともあったなあ。あの時もびっくりしたけどな。今回は手術したんだっけ？

Ａ：そう。成年後見人とやらが勝手に話進めちゃって。

Ｃ：まあまあ。彼にも立場というものがあるさ。それで手術の後の具合はどうなの？

Ａ：具合は良くないね。だいたいあの成年後見人だって、そんなに俺のこと良く分かっているわけじゃないんだよ。こんなふうになるようだったら、手術はお願いしなかったなあ。

考えてみよう憲法問題

1 成年後見制度と医療同意

　現在、日本の高齢化は急速に進行している。2019年 9 月15日現在の推計では、日本の総人口が 1 億2617万人と前年度より26万人減少したのに対して、65歳以上の高齢者（以下「高齢者」）の人口は32万人増加し3588万人、総人口に占める高齢者人口の割合は28.4％と、ともに過去最高を記録した。さらには、90歳以上人口が前年度から13万人増加し231万人と200万人を超えている。

　このような状況の中で、高齢者など判断能力の不十分な人をサポートする制度が成年後見制度である。法務省のサイトでは成年後見制度について、「認知症、知的障害、精神障害などの理由で判断能力の不十分な方々は、不動産や預貯金などの財産を管理したり、身のまわりの世話のために介護などのサービスや施設への入所に関する契約を結んだり、遺産分割の協議をしたりする必要があっても、自分でこれらのことをするのが難しい場合があります。また、自分に不利益な契約であってもよく判断ができずに契約を結んでしまい、悪徳商法の被害にあうおそれもあります。このような判断能力の不十分な方々を保護し、支援するのが成年後見制度です。」と紹介している。家庭裁判所による後見開始の審判を受けることにより、成年被後見人に対してサポートをする法定後見人として成年後見人が付けられる。「日用品の購入その他日常生活に関す

る行為」以外については、成年被後見人の法律行為は成年後見人によって取り消すことができる。成年被後見人は、「日常生活に関する行為」を越えた契約を締結する意思能力を欠いているから、単独で有効な契約の締結はできないため、成年後見人が代理することになる。判断能力が不十分な人の意思決定に関する制度としては、この民法による成年後見制度が中心的なものとなる。

　成年後見制度においては「自己決定（自律）の尊重」、「残存能力の活用」、「ノーマライゼーション」という基本理念と、「本人の保護」との調和させることが、基本指針として挙げられている。ノーマライゼーションとは、老若男女、障害のある人などがともに暮らす社会がノーマルな社会であり、すべての人が、ノーマルに暮らす権利があるとする考え方である。

　成年後見制度の利用者数は年々増加傾向にある。2018年12月現在で成年後見制度全体の利用者数は、約22万人であり、前年と比較すると約8000人増加している。利用者の内訳は、成年後見が約17万人、保佐が約３万6000人、補助が約１万人、任意後見が約2600人となっている。

　しかし、この成年後見制度であるが、立法担当官の見解では、診療についての契約に関する法定代理権と、医療的に身体を侵襲する行為に関する代行決定権をはっきりと区別し、成年後見人等の職務権限を前者の診療についての契約に関する法定代理権に限定する立場がとられており、学説上ではこれが通説的な見解となっている。すなわち、医師による医療行為については、成年後見人等は、判断能力の不十分な人に代わって決定をすることはできないとされているのである。ただし、実務上は、判断能力の不十分な患者が治療を受けられなくなりかねないことから、判断能力の不十分な成年被後見人等への治療行為は、社会通念や、現在の危険を避けるためにやむを得なく権利を侵害したことは罰しないとする緊急避難、緊急的に他人のために義務ではない事務を行う緊急事務管理などの一般法理を使うことで対処していくということが考えられている。

　一方で、「できごと」のように、現実の医療現場においては、判断能力の不十分な患者に対して医療同意権を行使する主体として、成年後見人等に寄せられる期待が非常に大きいという現実的なレベルでの問題がある。学説上においても、成年後見人等による医療同意権について肯定的にとらえる見解が、有力

に主張されている。医療同意権について、医療的侵襲の度合いなどにより限定しつつ認める見解である。医療契約の履行としての治療行為には通常何らかの医療的侵襲が必然的に含まれる以上、医療同意権を全く伴わない医療契約締結権限は、そもそも内容的に意味のないものになるという理論的な難点が指摘される。

2 成年後見制度と障害者権利条約

　このように、現状の成年後見制度を前提とした議論がある一方で、日本は2016年に批准した障害者権利条約において、その12条の求める内容は、これまでの成年後見制度を前提とした意思決定とは、異なることが指摘されている。すなわち、「代行［的］意思決定から、支援付き意思決定へのパラダイム転換」を、12条の内容は求めているという指摘である。障害者権利条約は、その12条で定める「法律の前にひとしく認められる権利」として、2項において「締約国は、障害者が生活のあらゆる側面において他の者との平等を基礎として法的能力を享有することを認める」とし、また3項において「締約国は、障害者がその法的能力の行使に当たって必要とする支援を利用する機会を提供するための適当な措置をとる」としている。また国連障害者権利委員会は、「代行［的］意思決定から、支援付き意思決定へのパラダイム転換」という内容について、2014年4月に一般的意見1号として採択している。さらに2019年末時点で第1回目の国際連合障害者権利委員会によるモニタリングが終了している国と地域のすべてに対して、委員会による総括所見の中で、法定後見制度を含む代理・代行決定型の法的支援手段を全廃したうえで、意思決定支援の仕組みに代置すべき旨の勧告が出されている。同様の勧告は、成年後見制度を使う日本についても出される可能性が高い。

3 憲法上の人権と成年後見制度

　基本的人権の普遍性については、憲法11条において「国民は、すべての基本的人権の享有を妨げられない」と規定され、一定の身分や、人種、性別などを前提に享受しうるものではなく、「人間本来の権利」として存在するものであり、すべての国民は、憲法の保障する一切の権利を等しく享有しうるものであ

り、「一部の国民にのみ与えられる権利は、基本的というに値しない」と説明
される。

　また、基本的人権については、人間がただ人間であることにより誰でも当然
に有する、侵してはならない権利であるとし、その理論の手掛かりが憲法13条
であるとされる。そして、13条には「個人の尊重」が「国政」のあり方の基本
にかかわるということが示されており、「個人の尊重」ないし「個人の尊厳」
とは、1人ひとりの人間が人格的自律の存在として最大限尊重されなければな
らない趣旨であると説明される。そのような「基本的人権」を制約する「公共
の福祉」の内容として、他者の基本的人権は侵害してはならないという内在的
制約原理と、憲法22条・29条の場合による外在的（政策的）制約原理が含まれ、
どちらの原理が妥当するかは基本的人権の性質によるとする。さらに、人格的
自律そのものが回復不可能なほどに永続的に害されるという場合には、「限定
されたパターナリスチックな制約」として、例外的に介入する可能性が指摘さ
れる。それらの議論を前提に、成年後見制度について、基本的には、自由権（憲
法22条・29条の経済的自由権）・自己決定権（13条）の憲法的保障を十分にするた
めの法システムであると言えるとしつつ、①成年者であっても「判断能力が十
分でない」ところを補いその人が生を全うすることを助けようとするものであ
るが、同時に、②それに付随してその人の活動を規制するという側面をももっ
ているとする。そのため、この制度については「判断能力が十分でない」成年
者を実際に効果的に支援するものとなっているか、と同時に、規制が行き過ぎ
たものとなっているところがないか、が問われることは避けられないと説明が
される。

　さらに、竹中勲は成年後見制度のような、体の自由や「生命・身体の在り方
に関する自己決定権」の制約を含意するものである場合、立法の際には、憲法
13条を根拠に自由権・自己決定権などの人権に「最大の尊重」を払う必要があ
るとする。これは、まず判断能力ないし自己決定能力が十分でない個人につい
ては、自己決定能力が十分でない個人の保護（利益保護）を目的としてその個
人の自由権・自己決定権の制約が正当化される場合があるとしたうえで、人権
の制約は必要最小限度にとどめなければならないとする。その上で行為能力の
制限は、全面的・画一的・一律的なものではなく、より限定的な部分的・段階

的・弾力的なものであることが憲法上求められるとする。そして、精神障害者や認知症高齢者といった「判断能力が十分でない個人」について妥当しうる“弱い”自己加害阻止原理（弱いパターナリズム）があるとし、自由権・自己決定権などの「“弱い”自己加害阻止原理」に基づく制約の具体的正当化のためには、少なくとも３つの要件があるとする。すなわち①被介入者（被保護者）個人の独自の生き方・方針の尊重の要件、②より制限的でない手段を選択すべきとの要件（LRA の法理）、③公権力の介入における補充性の要件（例として、公権力は判断能力が十分でない個人を保護するとの目的で弱い自己加害阻止原理に基づき介入する場合にも当該個人・私人と親密な人的結合関係にある私人が存在する場合には、当該私人に当該介入の内容を説明し同意を得なければならないとの要件）、の３点である。

　また、成年後見制度について、近代市民社会のベースラインを回復するためのもので自由権の要請だと考え、国家の「介入」ではなく、国家の「介入」のない「自然」な状態を作り出すものであるとし、自由の「制約」ではなく、「回復」として観念されるべきとする論者もある。成年後見制度については、一部の自己決定に補助が必要であったとしても、それがすべての決定について自己決定能力を失うことを意味しないという発想がとられていることが説明される。その上で、近代市民社会では自律的人間が標準とされており、自己決定能力が十分でないとみなされる人については、そのような人の自己決定能力を何らかの方法で補完することが求められるとする。そして、憲法29条は行為能力の不十分な人については能力を補う制度を設けることを求めているとする。また、本人による決定のみが許され、代行判断は許されないものがありうるとし、成年後見における医療行為などの身上監護に関しては、本人の意思によるべきことが多くなるとされる。

4　判断能力が不十分な人と憲法と意思決定支援

　３のような議論に対し、自己決定権について「自分のことを自分で決める権利」と定義し、意思決定能力が不十分な人を自己決定権の主体に含めるという議論がある。そして、これまでは自己決定権の主体については個人を念頭に置いてきたとし、自己決定が医者などの他人の助けを借りて行われる場合であっ

ても、最終的な意思決定が本人のものである以上、一個の個人を主体とする自己決定とみなしてよいとする。また、夫婦や家族などが自己決定権の実質上の主体となるときでも、それを分解して個人個人を主体とするものとできる、として自己決定権の主体は個人であることとの関連を説明している。この議論は、意思決定支援という視点から見れば、判断能力の不十分な人についても支援を受け意思決定をしていくことで、自己決定権の主体と位置付けていく発想が見て取れるものである。

　また、判断能力が不十分であったとしても支援があったならば自己決定能力があるとみなすことができるような場合があり、そのためにはその人に応じた適切な扱いを保障されなければならないとする議論がある。「自己決定能力が十分ではない個人」として、自己決定をしなければならない事柄に関する情報を適切に理解できず、十分な考慮に基づく判断ができない人や、自己決定をできるものの、その決定を外部に伝えることができない人（言葉が話せないなど）などを挙げ、自己決定能力としての情報処理能力や意思伝達能力が十分ではないため自己決定権行使の制限が正当化される人の中に、重度知的障害者のような一部の知的障害者が含まれるとする。その上で、自己決定権行使の主体を検討していき、①積極的措置を講じなくとも、自己決定権行使ができる人、②積極的措置を講じれば、自己決定権行使ができる人、③積極的措置を講じても、自己決定権行使ができない人の３つのグループに分類する。以上から、自己決定能力が不十分とされる人は、自己決定権の享有主体とされつつもいわゆる「成熟した判断能力」を有していないとされ、彼らの「意志」は、自己決定権行使の主体者としての「意志」として認められない可能性があるとする。そして現在社会において一般的とされる「成熟した判断能力」を有していない人は、この「一般的」に含まれないような自己決定能力を有していたとしても、自己決定権の行使主体とみなされない可能性があるとする。この「成熟した」とは、必ずしも本人の自己決定能力を正確に測っているとは限らず、社会に根ざす偏見・ステレオタイプ的価値観に基づいて形成された基準である可能性があるとする。そして、自己決定能力が「ある」人と「ない」人の２つに分ける議論を説明しつつ、情報処理能力や意思伝達能力をはじめとする自己決定に関わる能力に対する「積極的措置を講じれば、自己決定権行使ができる人」も自己決定

能力が「ある」人とみなすのであれば、その性質に応じた適切な扱いを保障されなければならないだろうと結論付ける。

　また日本弁護士連合会は、人権擁護大会シンポジウムの報告書において、憲法13条前段の規定「すべて国民は、人として尊重される」は、個々人が人や社会との関わりの中で自律的に自己の生き方を選択・実践していくことを根源的価値として、個人のそのようなあり方を尊重すると宣言するものであり、13条後段は、「生命、自由及び幸福追求に対する国民の権利」を規定するとする。そして生命自由幸福追求権について、個人が自律的生を生きるのに不可欠の権利という位置付けを与えられており、これこそが日本国憲法の保障する基本的人権をなすものであるとした上で、したがって、「自律」という根源的な人権価値の実現において支援を受けることが必要である場合には、その支援を受ける権利は、憲法上の固有の基本的人権として保障されなければならないと説明している。

問いかけとして

　憲法13条を根拠とする「個人の尊重」ないし「個人の尊厳」は、1人ひとりの人間が人格的自律の存在として最大限尊重されなければならないとする。一方で、人格的自律そのものを回復不可能なほど永続的に害する場合、どのような形の行為能力制限がありうるのだろうか。また「自律」という根源的な人権価値の実現において支援を受けることが必要である場合には、自己決定をすることが可能であるような条件を社会や国の側が提供すべきだろうか。そしてその支援を受ける権利は、憲法上の固有の基本的人権として保障されるものだろうか。そして「できごと」のような場合、どのような対応がなされるべきであろうか。現行法を前提とした場合、さらに将来に向けての課題についても考えてほしい。

9 障害者は子どもをつくることも許されないのだろうか？
⦿旧優生保護法に基づく強制不妊手術

できごと

ある日、Ａ法律事務所に、以下のような相談があった。

70歳のＸ（女性）は知的障害者である。現在、グループホームで生活している。

Ｘは、21歳のときに、旧優生保護法に基づく不妊手術を受けたが、親からは、「お腹の悪いところを手術する」とだけ言われており、何の手術かを知らされていなかった。

Ｘは、25歳のときに結婚したが、子どもが生まれないことから、35歳のときに離婚した。その後、Ｘは独身を続け、子を産むこともなかった。

2018年になって、旧優生保護法に関する報道を目にして、Ｘは、自分も被害者なのではと思い始め、Ａ法律事務所に相談した。

Ａ法律事務所のＡ弁護士が代理人となり、Ｂ県に個人情報保護条例に基づく開示請求を行ったところ、Ｘについては、旧優生保護法４条を根拠として不妊手術が行われたことが分かった。

Ｘが受けた被害や被害の回復についてどのように考えればよいか。

考えてみよう憲法問題

1　旧優生保護法について

読者は、「優生保護法」という法律名を、聞き慣れない、と感じられるのではないかと思う。まず、「優生」とは何か。さらに、「旧」という文字までセットになっているので、何重にも分からない概念がある、ということになりかねない。順次、説明していきたい。

この法律は、もともと、1948年第２回国会で成立した法律であり、1996年６月に母体保護法に名称が変更されるまで、「優生保護法」という名前であった。

法律の目的規定（1条）は、次のように書かれていた。すなわち、優生上の見地から不良な子孫の出生を防止するとともに、母性の生命健康を保護することを目的とする、と。旧優生保護法は、望まない妊娠をしてしまった女性について、堕胎手術を行うことができる根拠法でもあった。目的規定の後半部分に関する規定である。その一方で、目的規定の前半が、優生上の理由による手術に関するものであり、本稿で問題となっている部分である。

　「優生上」という言葉は、法律には規定がないが、優生思想に基づく、ということである。優生思想とは、国民を「優等な生」と「劣等な生」とに区別し、「劣等な生」が「優等な生」を「逆淘汰」しているとして、「劣等な生」の淘汰を図るものである。具体的には、障害のある人などが、「劣っている」とされた。

　次に、優生手術とは、具体的に、どのようなものであろうか。これ自体、聞き慣れないであろうが、法律では、生殖腺を除去することなしに、生殖を不能にする手術であるとされ、方法としては、男性には「精管切除結さつ法」「精管離断変位法」（いずれも、精巣本体ではなく、精管を途中で切り離すなどして縛る術式）、女性に対しては「卵管圧ざ結さつ法」（卵巣本体ではなく卵管を途中で圧迫などして縛る術式）「卵管間質部けい状切除法」（卵管を一部切除して、それぞれの切片を結んだりする術式）によるとされた。これらの術式はいずれも、精管や卵管を結紮、または切断・結紮することにより、生殖を不能とする方法である。

　事例のXは、女性であるので、「卵管圧ざ結さつ法」か「卵管間質部けい状切除法」の手術が実施されたことになる。なお、実際には、法令に定められていない方法で手術を受けた被害者も存在するようであるが、本稿では、一応、法令に従った方法で手術を受けたこととして論を進め、法令に基づかない手術については、後に述べることとする。

2　優生手術の種類について

(1)　優生手術の根拠条文

　旧優生保護法には、優生手術の根拠として、3条、4条および12条を根拠とする優生手術が定められていた。

⑵ 同意に基づく手術

3条が同意による手術の根拠条文となっていた。

3条の「同意」については、そもそも、いくら本人の同意があったとしても、本人の重大な権利を奪ってしまうような手術が許されるのか、という問題がある。しかも、「同意」は、実際の多くの事例では、本人の意思に関わりなく、家族など周囲の者が本人に無断で同意の形式を作り上げていたようである。また、本人の知的障害などの関係で、形だけ同意書にサインをしたとしても、本人が理解していなかったケースも多かったと思われる。

⑶ 強制手術

4条と12条が強制的な手術の根拠条文である。4条は遺伝性の疾患、12条は非遺伝性の疾患を対象としていた。

4条と12条の強制的な手術の場合、都道府県優生保護審査会が審査を担当し、審査の結果、手術が適当と判断されれば、本人の意思に反してでも手術が行われていた。

⑷ 同意か強制かで分けずに、全体として考察できないか

ここで、事例のＸに行われた不妊手術は、旧優生保護法4条が根拠となっていた。そうすると、本稿の事例では、4条に基づく、強制的な優生手術がなされたことが問題となる。

しかし、⑵で検討したように、本人の「同意」自体が本人の真意ではない可能性が高いことなどを考えたとき、同意の有無を問題とすることなく、3条、4条および12条に定められた優生手術全体について、憲法的問題点について検討すべきではないだろうか。そこで、仮に、3条で形式的な同意がなされていたケースであっても、その同意は本人の意思に基づいたものであったのか、また、そのような同意が許されるのかなどについて、検討しなければいけないこととなる。

3 何を憲法問題の対象とするか

⑴ 問題の所在

細かな説明は後に譲るとして、本件の場合には、改正前の法律を違憲とするだけで、単純に訴訟で勝訴できるかが疑わしい事案である。そこで、様々な角

度から検討を行わないといけないこととなる。

　何らかの被害や権利制約が生じて、憲法上の問題がないかを検討する場合、具体的に、どの機関の、どの行為が対象となるのかにより、議論の進め方も異なってくる。その意味で、「優生手術が、憲法に違反しないか」という問題設定も、必ずしも正確な表現ではない。

　というのは、憲法上、憲法違反を犯しているのが、国会か行政かで、検討対象や議論の流れが大きく分かれるからである。法律を作るのは国会であるから、優生保護法を作ったこと自体が憲法違反だ、というのが、一番イメージしやすいと思われる。これに対し、優生手術を実施したこと自体を対象とすれば、行政機関が主体となる。

(2)　時間の経過を憲法問題と捉えるか

　さらに、問題が一定以上の期間にわたっている場合には、国会や行政が、問題となっている事象を是正しないという点が、問題となる（いわゆる、立法不作為等の問題）。

　一般に、時点を区別して議論する必要がない場合には、あまり意識せずに議論していることも多い。しかしながら、本件では、本人の取りうる手段は、国に対する国家賠償請求になるはずであり、これを議論する意味が大いにある。というのも、旧優生保護法に基づく優生手術は、その多くが1950年代から60年代にかけて行われており、単純に、優生手術の時点を被害の時点と捉えてしまうと、国家賠償法4条が準用する2017年改正前民法724条の時効および除斥期間の壁を乗り越えることができず、請求が認められなくなってしまうおそれがあるからである（詳細は民法の書籍をご参照いただきたいが、時効か除斥期間の期間が経ってしまうと、原告の国家賠償請求は認められないことになる。）

(3)　本件で憲法上問題とすべき対象は何か

　以上の観点から考えると、本件では、検討する論点が数多くある。

　たとえば、法律自体の憲法適合性はもちろんのこと、行政機関の行った優生手術自体も問題となろう。さらに、48年の長きにわたり、法律の改正・廃止等の対応をしなかった国会や、対応を行わなかった行政、すなわち厚生労働省（旧厚生省）の不作為も問題となる。優生手術は、法令で定められていない方法（放射線照射など）により行われたこともあったようであり、行政が行った優生

手術自体を問題とする余地もある。

(4)　本件で検討すべき憲法判断の対象と考えられる構成

以上を整理すると、憲法判断の対象については、たとえば以下の構成が考えられる。他にも考えられるので、ぜひご検討いただきたい。

① 旧優生保護法自体を違憲とする構成

② 旧優生保護法の立法行為自体を違憲とする構成

③ 旧優生保護法下における、同法に基づいた行政の行為によって、優生手術を実施されたことが、違憲な法律に基づいたものであり、違憲ないし違法とする構成

④ 旧優生保護法を1996年まで改廃しなかった、国会の立法不作為を違憲とする構成

⑤ 旧優生保護法の1996年の改正まで、被害者救済・被害回復のための施策の実施や立法に向けた活動を行わなかった国（厚生省）の不作為が違憲だとする構成

⑥ 旧優生保護法について、2019年までの間に、国会が、被害者救済・被害回復のための法律を作らず、また、除斥期間等を解決するための法制度の整備を行わなかったという立法不作為を違憲と構成する構成

⑦ 旧優生保護法について、2019年までの間に、被害者救済・被害回復等の施策の実施や、立法に向けた活動を行わなかった国（厚生省・厚生労働省）の不作為が違憲だとする構成

(5)　本稿で検討する構成について

本稿では、紙幅の問題もあり、(4)で整理した問題のうち、検討課題を特に重要ないくつかの問題に絞りたい。まず第1に、旧優生保護法自体の憲法適合性（(4)の①の問題）について考えてみたい。第2に、国会が対応しなかった立法不作為（(4)の④⑥）について検討を行う。

なお、本稿は、2019年の仙台地方裁判所の第1審判決（判例㊳）が出た直後に執筆していることから、その後に下された判決やその後の議論をフォローできていない。ご容赦いただければ幸いである。

4　旧優生保護法の憲法適合性

旧優生保護法は、どのような点で憲法に抵触しうるのであろうか。同法は、極めて問題の多い法律であったことから、様々な点から憲法上の問題点を指摘できる。

(1)　憲法13条違反

まず、人が、子どもを産むか産まないかは、人としての生き方の根幹に関わる決定であり、子どもを産み育てるかどうかを自分で決定する権利（いわゆる、「リプロダクティブ権」。リプロダクティブ・ライツとも。）は、人格的生存の根源に関わるものである。そこで、子どもを産み育てるかどうかを意思決定する権利は、自己決定権として、憲法13条により保障されていると考えられる。これに対し、裁判所は、13条で直接保障されているとはせずに、あくまで、13条の法意に照らし、人格権の一内容を構成する権利として尊重されるべき、としている（判例㊿）。

いずれにしても、旧優生保護法の目的のところで説明したように、優生上の見地から不良な子孫の出生を防止する、などという優生思想自体が、「劣った人」などとして障害者を差別するものであり、何らの根拠もないことは明らかであろう。そして、不妊手術を行うことで、子を産み育てるかどうかの自己決定をする権利を奪い、個人の尊厳および幸福の可能性を奪うものであるから、許されるものではない。

また、旧優生保護法で問題なのは、さらに広く、偏見や差別によって毀損された人としての尊厳が根本的な問題点だ、という考え方もありうる。前者（リプロダクティブ権）と後者（人としての尊厳）は、いずれも憲法13条を根拠にする点では変わらない。しかし、後者の考え方をもとにすれば、前者を根拠とするよりも、被害が、より広いものと捉えられるのではないだろうか。

(2)　憲法24条違反

憲法24条1項は「婚姻は、両性の合意のみに基いて成立し、夫婦が同等の権利を有することを基本として、相互の協力により、維持されなければならない。」と定めているが、この規定は、婚姻をするかどうか、いつ誰と婚姻をするかについては、当事者間の自由かつ平等な意思決定に委ねられるべきであるという趣旨を明らかにしたもの、とされる。旧優生保護法に基づく優生手術に

より対象者の生殖能力を奪うことは、事実上、対象者に対し婚姻への大きな障壁を生じさせる。そこで、24条1項が保障する婚姻の自由を侵害すると考えられる。

(3) 憲法14条1項の差別にあたるか

さらに、旧優生保護法の優生手術は、一定の例外を除き、障害のない人は対象としていない。そうすると、障害のない人と、障害のある人とを、優生思想などという、全く正当化できない理由で異なる取扱いをしているのであるから、14条1項の差別に当たるとも考えられる。

(4) 憲法36条違反

旧優生保護法は、残虐な刑罰を禁止する36条との間でも問題となる。何が残虐な刑罰に当たるのかについては議論があるが、手指の切断や去勢、不妊手術などの身体刑は禁止されると考えられている。そうすると、刑罰ですら禁止される不妊手術は、36条に違反すると考えられないだろうか。

5 国会が対応しなかったこと（立法不作為）について

(1) 立法不作為の内容——どのような立法が必要だったのか——

国会が対応しなかったという立法不作為の内容は、単純に考えれば、1996年まで旧優生保護法について法律改正等を行わなかった、という立法不作為であろうが（上記3(4)④の構成）、問題はそれだけではない。というのも、すでに被害を受けた人は、旧優生保護法の優生手術の規定がなくなったところで、救済されないからである。

そうすると、旧優生保護法の被害者について、救済する法律等が必要、ということになる。

憲法17条は、公務員の不法行為により、損害を受けたときは、国または地方公共団体に賠償を求めることができるとして、法律による具体化を予定している。具体化された法律としては、国家賠償法が一般的な規定であるが、国家賠償法は、2017年改正前民法724条をそのまま準用しており、3年の消滅時効と20年の除斥期間の規定が存在することになる（なお、同条後段の規定が除斥期間かどうかについても大きく議論があるが、ここでは立ち入らない）。

しかしながら、旧優生保護法による優生手術の多くの被害者にとっては、20

年の除斥期間が経過する前に損害賠償請求を行うことは、現実には難しかった。そこで、国会としては、損害賠償請求を行うことができるよう、国家賠償法を改正したり、独自の救済法を制定するなど、法律で対応する必要があったのに、国会がそれをしなかったという点での立法不作為が、想定できる立法不作為の内容である（上記3⑷⑥の構成）。

⑵　国会の立法不作為と国家賠償法上の違法について

ここで、国会が立法等で対応しなかったからといって、すぐに国家賠償請求において、違法になるわけではない。要件が厳格すぎるという批判も強いが、有名な判例が存在するので、紹介する（下記最高裁大法廷判決判例㉛）。なお、この判例は、2015（平成27）年12月16日の最高裁判決（判例㊷）で一部変更されているという見解があるため、さらに学習される方は、両判決を対照していただきたい。

　　「①立法の内容又は立法不作為が国民に憲法上保障されている権利を違法に侵害するものであることが明白な場合や、②国民に憲法上保障されている権利行使の機会を確保するために所要の立法措置を執ることが必要不可欠であり、それが明白であるにもかかわらず、国会が正当な理由なく長期にわたってこれを怠る場合などには、例外的に、国会議員の立法行為又は立法不作為は、国家賠償法1条1項の規定の適用上、違法の評価を受ける」（注：①②の記号と下線部は筆者が追記した）（判例㉛）。

どのような事案で①②を区別して使うかということも議論があるが、本件では、②部分の、「国民に憲法上保障されている権利行使の機会を確保するために所要の立法措置を執ることが必要不可欠であり、それが明白であるにもかかわらず、国会が正当な理由なく長期にわたってこれを怠る場合」が問題となるとすると、どのように考えればよいか。

仮に、立法不作為の内容が、旧優生保護法の改正や廃止自体だとすれば、比較的容易に、法律の改廃が必要不可欠で、それは国会にとって明白であると言えそうである（上記3⑷④）。しかし、問題がそう単純ではないことは、先に述べた。ここでは、立法不作為の内容が、国家賠償法に基づく請求において、被害者が権利行使をきちんとできるように対応すること（上記3⑷⑥の構成）として、検討を進めたい。

旧優生保護法による優生手術の被害者が、除斥期間が経過する前に、損害賠償請求を行うことは難しかったのであるから、国会としては、被害回復について、法律で対応する必要があった。そうすると、所用の立法措置を執ることが必要不可欠と言えそうである。

　これに対し、国会にとって、対応するための立法内容などまで明白であったか、ということは、議論が分かれうる。仙台地方裁判所は、明白ではなかったとして、結局、原告の請求を棄却した。これに対し、被害の重大さや旧優生保護法の違憲性から、最低限の立法措置の内容は明白である、という批判も強い。検討いただきたいところである。

6　その他の構成について

　3⑷で挙げた7つの構成のうち、②④⑥についてはすでに検討した。残る構成については、詳しく論じることはできないが、簡単にコメントする。

⑴　①の構成について

　法律自体が違憲とされるだけでは、手術を受けた人に被害が生じたとは言えないので、結局は、③と併せて主張することになろうか。

⑵　③の構成について

　本来、これが最も端的な構成である。もっとも、上記のとおり、2017年改正前民法724条の3年の消滅時効と20年の除斥期間の規定がストレートに適用されると、被害者の請求が認められないこととなるので、被害者側としては、他の構成を様々検討せざるをえない。民法や国家賠償法の解釈問題となるので立ち入らないが、2017年改正前民法724条が適用されないという見解も有力である。

⑶　⑤の構成と⑦の構成について

　国会の立法不作為を判断する基準と、厚生労働大臣（行政）の不作為を判断する基準は、同一であろうか。判例でも学説でも異なるという立場が一般的であるが、何故異なるのか、また、異なった結果として、結論にどのように影響するのか、検討していただきたい。

7 発展課題

旧優生保護法については、本稿で述べたような問題点以外に、多くの課題がある。代表的なものを挙げるので、検討いただければ幸いである。

(1) 被侵害利益をどう考えるか

上でも少し触れたとおり、本件の被侵害利益につき、リプロダクティブ権というよりも、偏見や差別によって毀損された人としての尊厳を前面に出すべきではないかという議論がある。

民法の時効や除斥期間の議論とも関連するが、被害を、継続的かつ一体的な人生全体に対するものだと捉えれば、除斥期間の起算点は、現在ということにならないか。

(2) 法令に基づかない手術

上でも少し触れたが、旧優生保護法の被害者の中には、法令に定められた方法ではなく、生殖機能のある器官自体（精巣や卵巣・子宮など）を破壊または切除などしてしまう方法により手術を受けた方もいたということである。

この場合、立法行為や立法不作為は問題とならず、行政の行為だけが問題となるのか。それとも、違憲な法律があったからこそ、法令に定めのない手術がなされたとして、国会の行為も問題になるのか。

(3) 根拠法廃止後に実施された手術

(2)と関連するが、1996年に旧優生保護法が改正され、優生手術の規定が廃止された後に、優生手術を受けた方もいるということである。

この場合、立法行為や立法不作為は問題とならず、行政の行為（もしくは、行政が関与していなければ、民間病院の違法行為）だけが問題となるのか。

10 企業は採用予定者の病歴を調べてもよいのだろうか？
◉採用と私人間効力

できごと

　HIV は人の免疫細胞に感染してこれを破壊し、後天性免疫不全症候群を発症させるウイルスである。しかし、HIV の感染力は極めて弱いため感染経路は限られており、日常生活で感染することはない。また現在では抗 HIV 薬の研究が進み、HIV に感染しても後天性免疫不全症候群の発症をかなり遅らせることが可能となった。HIV に感染しても抗 HIV 薬による治療を継続している限り、日常生活や労働には大きな支障は生じない。

　Xは、大学在学時代に HIV 陽性の診断を受けた。その後、HIV 陽性者の支援団体に加入し、活動を行っていた。Xは支援団体での活動を誇りに思っている。

　その後、大学４年生になったXは就職活動に際し、Y社に応募した。Y社からはエントリーシートの提出を求められ、エントリーシートには大学時代の課外活動を記入する欄があった。Xはその欄に、自身が誇りに思っている支援団体での活動を記入し、あわせて、自身が HIV 陽性の診断を受けていることを記載した。

　Y社の採用は、エントリーシートを提出した後、採用面接へと進むが、Xは採用面接に進むことができなかった。採用面接に進むことができなかった理由は HIV 陽性の診断を受けていたことにあるのではないか、とXは考えている。採用面接を行う前に応募者がY社に提出した書類はエントリーシートだけであり、Y社が把握している応募者の情報はエントリーシート記載の情報に限られる。そして、エントリーシートには、課外活動のほかに、学歴・課業（ゼミ、卒業論文など）・アルバイト・資格を記載する欄があるが、Xと同じ学歴、同じゼミ、同じアルバイト、同じ資格の応募者が全員、採用面接に進んでいるためである。

　仮に、真実、Y社が、Xが HIV 陽性の診断を受けていることだけを理由として採用面接を受けることを認めなかったとして、憲法上の問題はあるのだろうか。

　また、XがY社に対して HIV 陽性の診断を受けていることを伝えていないにもかかわらず、Y社がXの承諾なく調査を行った結果、そのことを把握し、Xを採用しなかった場合はどうか。

考えてみよう憲法問題

　本件で問題となるのは、基本的人権の「私人間効力」と企業者の「採用の自由」である。これらの問題については1973年の判例（三菱樹脂事件判決判例⑬）があるが、それが2019年現在でも時代に即しているか否かを考える。

　1973年の２年後にリリースされた「いちご白書をもう一度」という曲に「就職が決まって髪を切ってきた時に、もう若くないさ、と君は言い訳したね。」という歌詞があるとおり、就活に当たっては遅くとも就職が決まった後には髪を切ることが求められていたが、2019年にシャンプーを販売する製薬会社が、「令和の就活ヘアをもっと自由に」という事業を始めた。時代によって「就活ヘア」が変わってきているように、就活に関する判例も変わってきているのではないか。

1　何が問題なのか

⑴　基本的人権の「私人間効力」について

　憲法の基本的人権に関する規定の大半は、27条、28条などの例外を除き公権力と私人（定義が難しいが、公権力以外の人と考える）の間に適用されるが、私人と私人の間（私人間）に適用があるか否かについては争いがある。

　たとえば教科書によれば「国により事情は異なるが、ごく概括的にいえば、近代法の体系は、国家統治権の発動に関する公法と私人間を規律する私法との２分論に立脚し、私的自治（私法自治）の原則と消極国家観と一体化しつつ全法秩序が観念され、憲法が保障する人権（権利・自由）は、対国家との関係のものと理解された」といった説明がされている。

　本件ではＸもＹも私人であり、両者の間に憲法の適用があるか否かを考えなければならない。

⑵　「採用の自由」について

　また、本件はＸの採用前に起きた問題であるが、これが仮に採用後に、たとえば、ＸがHIVに感染し、Ｘの稼働能力には何の影響もないにもかかわらずＹがＸを解雇したのであれば、Ｙの解雇が違法であることは明らかである。しかしながら、企業には解雇の自由はないが「採用の自由」はあるとされている。

本件でも、Yに「採用の自由」はあるのか否か、あるとしてその限界を考えなければならない。

2 三菱樹脂事件判決

これらの問題、基本的人権の「私人間効力」と「採用の自由」について示した、三菱樹脂事件判決（判例⑬）と呼ばれる判例がある。

(1) 事案の概要

三菱樹脂事件判決の事案の概要は、会社が実施した新卒者の社員採用試験に在学中に合格し、卒業後に当該会社で３か月の試用期間を設けて採用された者が、試用期間満了直前に当該会社から試用期間の満了とともに採用を拒否する旨の告知を受け、当該会社に対して労働契約関係が存在することの確認を求めた、というものである。

この事案において、最高裁は基本的人権の「私人間効力」と「採用の自由」について以下のとおり示している。

(2) 基本的人権の「私人間効力」について

「国または公共団体と個人との関係……についての憲法上の基本権保障規定をそのまま私人相互間の関係についても適用ないしは類推適用すべきものとすることは、決して当をえた解釈ということはできない。

私的支配関係においては、個人の基本的な自由や平等に対する具体的な侵害またはそのおそれがあり、その態様、程度が社会的に許容しうる限度を超えるときは、これに対する立法措置によつてその是正を図ることが可能であるし、また、場合によつては、私的自治に対する一般的制限規定である民法１条、90条や不法行為に関する諸規定等の適切な運用によつて、一面で私的自治の原則を尊重しながら、他面で社会的許容性の限度を超える侵害に対し基本的な自由や平等の利益を保護し、その間の適切な調整を図る方途も存する」

上記判示は、学説における「間接効力説」に立つものと考えられているが、学説には、上記判示は基本的人権に関する規定は私人間には適用がないという無適用説と最も親和性があるとするものもある。

(3) 「採用の自由」について

「採用の自由」について、三菱樹脂事件判決は以下のように示している。

「企業者は、かような経済活動の一環としてする契約締結の自由を有し、自己の営業のために労働者を雇傭するにあたり、いかなる者を雇い入れるか、いかなる条件でこれを雇うかについて、法律その他による特別の制限がない限り、原則として自由にこれを決定することができる」、「採否決定に先立つてその者の性向、思想等の調査を行なうことは、企業における雇傭関係が、単なる物理的労働力の提供の関係を超えて、一種の継続的な人間関係として相互信頼を要請するところが少なくなく、わが国におけるようにいわゆる終身雇傭制が行なわれている社会では一層そうであることにかんがみるときは、企業活動としての合理性を欠くものということはできない」

　これは、その後の裁判例に受け継がれ、たとえば慶應大学医学部附属厚生女子学院事件（判例㊻）は、「労使関係が具体的に発生する前の段階においては、人員の採否を決しようとする企業等の側に、極めて広い裁量判断の自由が認められるべきものであるから、企業等が人員の採否を決するについては、それが企業等の経営上必要とされる限り、原則として、広くあらゆる要素を裁量判断の基礎とすることが許され、かつ、これらの諸要素のうちいずれを重視するかについても、原則として各企業等の自由に任されているものと解さざるをえず、しかも、この自由のうちには、採否決定の理由を明示、公開しないことの自由をも含むものと認めねばならない。」と述べている（上告審判例⑱は三菱樹脂事件判決を引用し、「憲法一四条、一九条、二一条等のいわゆる自由権的基本権の保障規定が私人相互間の関係について適用ないし類推適用……のあることを前提とする所論違憲の主張は失当である」として、上告を棄却している）。

3　三菱樹脂事件判決当時と現在との違い

　しかし、三菱樹脂事件判決当時と現在とでは事情が異なる点も少なくない。裁判例に引き継がれた上記2(3)、企業者のいかなる者を採用するかの自由は原則として制限されない、採用に当たって「性向、思想等」の調査を行うことができるという命題は時代にそぐわないのではないだろうか。この点については、少なくとも以下のような事情変更を考慮しなければならないと思われる。

(1)　いわゆる就職差別を禁止する法規等の制定

　まず、企業者のいかなる者を採用するかの自由は原則として制限されない、

という部分についてであるが、三菱樹脂事件判決（判例⑬）後、同判決がいう「法律その他による特別の制限」である企業者の採用の自由を制限する法規が複数制定された。三菱樹脂事件判決当時に存在した企業者の採用の自由を制限する法規は

　　労働組合法7条1号本文……組合差別
　「使用者は、次の各号に掲げる行為をしてはならない……労働者が労働組合に加入せ
　　ず、若しくは労働組合から脱退することを雇用条件とすること」

だけであったが、その後、いわゆる就職差別を禁止する以下のような法規が制定された。

　　雇用の分野における男女の均等な機会及び待遇の確保等に関する法律（以下「雇用
　　機会均等法」という。）5条（1985年）……男女差別
　「事業主は、労働者の募集及び採用について、その性別にかかわりなく均等な機会を
　　与えなければならない。」
　　改正雇用機会均等法7条（2006年）
　　身長、体重、体力、転居を伴う転勤要件などによる間接差別の原則禁止
　　改正労働施策の総合的な推進並びに労働者の雇用の安定及び職業生活の充実等に関
　　する法律9条（2007年、改正当時は10条）……高齢者差別
　　年齢による差別の禁止
　　改正障害者の雇用の促進等に関する法律34条（2016年）……障害者差別
　　障害者であることを理由に差別することの禁止

　さらに、法的拘束力はないものの、厚生労働省は「公正な採用選考をめざして」という事業主啓発用パンフレットを作成し、そこでは、「本籍地や家族の職業などの本人に責任のない事項や、宗教や支持政党などの本来自由であるべき事項（思想・信条にかかわること）など、本人が職務を遂行できるかどうかに関係のない事項を採用基準としないのは当然のことです」（平成31年版2頁）としており、明らかに三菱樹脂事件判決と異なる態度を示している。

（2）　個人情報に関する法規および法意識

　次に、三菱樹脂事件判決の、採用に当たって「性向、思想等」の調査を行うことができるという部分は、現在の個人情報に関する法規とも法意識とも全く

合致しないと思われる。

　たとえば、2019年、大手就職情報サイトを運営する会社が、就職活動を行う学生が内定を辞退する確率を予測したデータ（以下「内定辞退率」という。）を、学生の同意なく企業に販売していた問題が発覚したが、この大手就職情報サイト運営会社やデータを購入した企業の行為を合法と考える者は、現在ではほとんどいないように思われる（職業安定法5条の4に反すると思われる。なお、個人情報保護委員会は、同年8月26日、当該運営会社に対して個人情報の保護に関する法律（以下「個人情報保護法」という。）に基づく勧告および指導を行った）。この程度、と言うと語弊があるかもしれないが、個人情報保護法にいう「個人情報」（同2条1項）に該当するか否かについて議論の余地がありうる内定辞退率を提供した程度でも、合法と考える者はほとんどいないように思われるのに、個人情報保護法が特に配慮を求める「要配慮個人情報」（同3項）として議論の余地がないであろう、「性向、思想等」について、本人の同意なく調査を行ってよいはずがない。

　そして、「要配慮個人情報」には「病歴」が含まれることも明示されておりHIV陽性の診断結果などの「病歴」について、本人の同意なく調査を行うことは許されない。

　このことは、2003年に個人情報保護法が制定される前から厚生労働省（旧労働省）の指針によって定められており、たとえば求職者等の個人情報の取り扱いに関する指針（1999年（平成11年）労働省告示141号）や、厚生労働省「労働者の個人情報保護に関する行動指針」（2000年）などは、原則として、「医療上の個人情報」などの収集を原則としてしてはならないと定めていた。

　また、裁判例でも、警察官として採用された男性が、本人の同意なくHIVの抗体検査を実施され、検査結果が陽性であったことを理由として警察学校への入校を拒否された事案で、警察学校を運営する地方公共団体に対する損害賠償請求が認容されたもの（判例㊳）がある。

　現在では、採用に当たって三菱樹脂事件がいう「性向、思想等」の調査を行うことができるという部分を維持することは難しいように思われるし、医療上の個人情報その他の個人情報の収集も規制を受けると思われる。

(3) 終身雇用制は維持されているか？

そして、三菱樹脂事件判決が理由として挙げる「企業における雇傭関係が、単なる物理的労働力の提供の関係を超えて、一種の継続的な人間関係として相互信頼を要請するところが少なくなく、わが国におけるようにいわゆる終身雇傭制が行なわれている社会では一層そうであること」という部分も、現在維持されているか否かを検討しなければならないと思われる。三菱樹脂事件判決は、終身雇用制を企業者が採用の自由を有することの根拠として挙げているが、2019年には大企業や経済団体の代表者から「経済界は終身雇用なんてもう守れないと思っている」「終身雇用を守っていくというのは難しい局面に入ってきた」といった発言が相次いだ。これらの発言からも伺われるとおり、終身雇用制が今後も維持されるのか、あるいは、すでに実態としては現在も維持されていないのではないかという疑問が生じる。仮に終身雇用制が維持されなくなれば、三菱樹脂事件判決が挙げる大きな根拠が失われることになるし、また、そもそも終身雇用制ではない、いわゆる非正規社員を採用する場合には、三菱樹脂事件判決が挙げる根拠は妥当しないことになる。

(4) 労使関係の個別化

以上見てきた、(1)いわゆる就職差別を禁止する法規等の制定、(2)個人情報に関する法規および法意識の変化ならびに(3)終身雇用制の衰退は、社会における労働者像の変化も背景にあるように思われる。1994年に発表された論文において、労働者像が「集団としての労働者」から「個々人としての労働者」へと変化してきたことが指摘されている。

すなわち、三菱樹脂事件判決当時の労働者像は「集団としての労働者」であった。集団であるがゆえに同判決がいう「相互信頼」、「一種の継続的な人間関係」が求められ、また、集団としての労働者を保護するために、使用者に対しては「画一的で、取締的で、強行的な規制」としての解雇権濫用法理（1975年に最高裁が採用したが（判例⑭）、それ以前からも下級審裁判例では採用されていた）を適用し、終身雇用制を維持させてきた。

しかし、その後、当事者の意思を尊重しつつ、個別的な規制を行うことが適切な「個々人としての労働者」像へと転換が進み、個別的な事由による差別を禁止する法律の制定①や個人情報の保護②が進んだ。他方、個々人としての労

働者を見たときには、「もはや弱者とみるべきではない」労働者も存在し、そのような労働者までも解雇権濫用法理・終身雇用制によって保護することは使用者にとって耐え難い部分があり、それが「終身雇用を守っていくというのは難しい局面に入ってきた」という発言の一因となっているように思われる。

　そして、労働者を「個々人としての労働者」と見たときには、労働者と使用者との間には労働契約以外の関係はない。すなわち、「労働者が使用者に使用されて労働し、使用者がこれに対して賃金を支払うことについて、労働者及び使用者が合意する」（労働契約6条）関係であり、三菱樹脂判決がいう「単なる物理的労働力の提供の関係」である。これを超えて、「一種の継続的な人間関係」などは労使関係において存在しない。

　このように考えれば、上記2(2)②の三菱樹脂事件判決が示す、企業者のいかなる者を採用するかの自由は原則として制限されない、採用に当たって思想信条の調査を行うことができるという命題は労使関係の個別化が進んだ現在では、その前提をすべて失っており時代にそぐわない。

4　三菱樹脂事件判決には先例としての意義があるか

　以上のとおり、三菱樹脂事件判決の内、上記2(3)の命題は現在では時代にそぐわない。したがって、本件の結論も三菱樹脂事件判決とは異なると思われる。

　上記2(3)の命題に従えば、本件で、Ｙ社はＸに対して損害賠償責任を負わない。しかし、本件ではＸ自身がHIV陽性の診断を受けていることをＹ社に告げているものの、仮にＸの同意なくＹ社が検査結果を収集したとすれば、Ｙ社はＸに対して損害賠償責任を負うと思われるし、本件のようにＸ自身が検査結果を提供しているとしても、検査結果のみを理由として採用を拒否することは違法であるという余地は十分にありうると思う。

　けれども、三菱樹脂事件判決のすべてが時代にそぐわなくなったというわけではないと思う。三菱樹脂事件判決が上記の命題や主論である2(2)①の命題（解約権留保付労働契約に関する部分）を導くための理由として挙げる部分、すなわち基本的人権の「私人間効力」に関する部分、「私的支配関係においては、個人の基本的な自由や平等に対する具体的な侵害またはそのおそれがあり、そ

の態様、程度が社会的に許容しうる限度を超えるときは、これに対する立法措置によつてその是正を図ることが可能であるし、また、場合によつては、私的自治に対する一般的制限規定である民法1条、90条や不法行為に関する諸規定等の適切な運用によつて、一面で私的自治の原則を尊重しながら、他面で社会的許容性の限度を超える侵害に対し基本的な自由や平等の利益を保護し、その間の適切な調整を図る方途も存する」ことは現在でも変わらないであろうし、憲法が「私人間では『社会的に許容しうる限度を超える』場合に具体的意義を発揮する」ことを示した点で先例としての意義があると考えることもできるであろう。ただ、ここでいう「社会的に許容しうる限度」の範囲は、社会通念の変化に応じて変化する。すなわち、社会における労働者像の変化に伴って「社会的に許容しうる限度」の範囲も変化し、三菱樹脂事件判決当時は「社会的に許容しうる限度」内であったものが、現在では「社会的に許容しうる限度」を超えるようになった。本件では、Xの同意なく検査結果を収集することはもちろん、検査結果のみを理由としてXの採用を拒否することが違法であると考える余地が生じるようになったと考えられる。そして、Xの採用を拒否することが違法であり、社会的に許容しうる限度を超えると考えるときには、憲法が「具体的意義を発揮する」（妥当する）と思われる。

11 なぜ同性同士は結婚できないのだろうか？
⦿LGBT の人権問題

　A子は、幼い頃から自身がレズビアンであることを自覚していたが、その事実を誰にも話さないまま、大学生になった。A子は、中学・高校と軟式テニス部に所属していたこともあり、大学でもテニスを続けようと考えていたため、テニスサークルに入部した。そこで、A子は、一学年先輩のB美と知り合った。B美もA子と同じくレズビアンであったが、A子とは違い、自身がレズビアンであることを周囲の者に隠すこともなく、カミングアウトしていた。そのことで、サークル仲間がB美のことを差別する者は1人もいなかったため、A子は自身がレズビアンであることをカミングアウトしても、B美やサークル仲間に嫌われることはないだろうと思い、思い切ってB美にそのことを打ち明けた。それから、2人は急接近し、交際するようになった。2人が大学を卒業してからも交際は続き、2人は結婚を意識するようになっていた。

　A子が大学を卒業するのと当時に、B美のアパートで共同生活を始めたものの、2人で生活するには部屋が狭かったため、改めて新居を探しにX不動産会社に行くことになった。しかし、X不動産会社に賃貸借契約を結ぶことを拒否されてしまった。A子は知人から、同性同士の同居について不動産会社に断られる可能性があることを聞いていたが、実際、自分たちが同性カップルであるという理由で、初めて不利益を被り、ショックを受けた。新居に引っ越すことをあきらめ、数か月が経った頃、A子とB美は結婚する意思を固め、事前に用意していた婚姻届に必要事項を記入し、近くのY市役所に婚姻届を提出しに行った。しかし、Y市役所の職員は、法律上の性別が同じ2人による婚姻届は受理できないという理由で、婚姻届を受理しなかった。これに対し、A子とB美はY市役所による婚姻届の不受理は、自分たちの婚姻の自由を侵害し、憲法13条、14条、24条に違反する行為であるとして訴えることにした。

考えてみよう憲法問題

1　LGBT とは？

　この LGBT という言葉を最近よく耳にすると思うが、そもそも LGBT という言葉の定義は何だろうか。LGBT とは、レズビアン（Lesbian）・ゲイ（Gay）・バイセクシュアル（By-sexual）・トランスジェンダー（Transgender）の頭文字をとった単語で、性的マイノリティの総称の１つである。レズビアンとは自身の性を女性と自認し、恋愛対象も女性である人、ゲイとは自身の性を男性と自認し、恋愛対象も男性である人、バイセクシュアルとは恋愛対象が男性でもあり女性でもある人、身体の性と心の性が一致しないため身体の性に違和感を持つ人を指す。これらに加えて、身体の性別が男か女か判別できない状態にある者を意味するインターセクシュアル（Intersexual）や、何者かまだ決めていない人（Questioning）を加えて、LGBTI、LGBTQ ということもあるが、本稿においては、「LGBT」を用いることとする。

　では、LGBT に該当する人の割合はどのくらいなのだろうか。LGBT 総合研究所が2016年に実施した、全国の20〜59歳の個人10万名（有効回答者数８万9,366名）を対象としたスクリーニング調査の結果、LGBT に該当する人は約5.9％（レズビアン1.70％、ゲイ1.94％、バイセクシュアル1.74％、トランスジェンダー0.47％）、LGBT にあてはまらないその他の性的マイノリティに該当する人は約2.1％であった。

2　LGBT の人々が受けてきた不利益と、それを解消するための取組み

　できごとのＡ子とＢ美は、Ｘ不動産会社に賃貸借契約を結ぶことを拒否されてしまった。では、これまで LGBT の人たちが受けてきた不利益とはどのようなものがあるだろうか。また、現在においては、各方面において、LGBT に対する差別を是正する動きが見られるが、それらはどのようなものだろうか。

⑴　不利益について

　LGBT 当事者団体の連合体である「性的指向および性自認等により困難を抱えている当事者等に対する法整備のための全国連合会」による調査を参考

に、LGBT が直面する困難についてまとめると、以下のようになる。まず、(a)子ども・教育の場面では、「気持ち悪い」、「『ホモ』、『おかま』、『レズ』などと侮辱的な言葉を投げかけられ、自尊感情が深く傷つけられた」、「学校において、性的指向や性自認について相談したい子どもが支援を受ける機関や居場所がなく、スクールカウンセラーにも知識がないため、誰にも相談できなかった」など、(b)就労の場面では、「性的指向や性自認を理由に、解雇や内定取り消しをされたり、辞職を強要された」、「パートナーが業務上の理由で死亡し、使用者に対して遺族補償の給付を申し込もうとしたが、遺族ではないことを理由に拒否された」など、(c)カップル・養育・死別・相続の場面では、「パートナーとの死別に際して、パートナーの財産を相続できなかった」、「パートナーとの死別に際して、パートナーの名義で所有・賃借していた住居から退去しなければならなくなった」など、(d)医療の場面では、「認知症・意識不明状態のパートナーが入院したが、病院・医師から安否情報の提供や治療内容の説明を受けられず、面会もできなかった」など、(e)福祉の場面では、「高齢の性的指向や性自認に困難を抱える人々が差別を恐れずに安心して通える社会福祉施設がなく、サービスを受けられなかった」など、(f)公共サービス・社会保障の場面では、「同性パートナーと公営住宅への入居を申し込もうとしたが、同居親族に当たらないことを理由に拒否された」、「年金に加入していた同性パートナーとの死別に際して、遺族年金を請求しようとしたが、親族でないことを理由に拒否された」などが挙げられる。

　以上のような不利益の中で、特に多いのが「配偶者ではない」、「親族ではない」という理由で、社会のあらゆる場面において同性カップルが差別されているということである。民法上、婚姻の要件については、民法739条1項により「婚姻は、戸籍法の定めるところにより届け出ることによって、その効力を生ずる」と規定しているが、同性カップルの婚姻が婚姻障害に該当するという規定は存在しない。しかし、実際は法律上の性別が同じ2人による婚姻届は受理されていないのが実状である。

(2)　不利益解消の取組みについて

　上記に述べた不利益を解消するため、いくつかの地方公共団体が同性パートナーシップ制度を開始している。2015年4月、東京都渋谷区を皮切りに、2019

年9月現在において、世田谷区、宝塚市、伊賀市、那覇市など、26の自治体が上記制度を導入している。これから導入を検討している自治体もあり、今後同制度を導入する自治体は増加傾向にあると言えるだろう。

　では、この同性パートナーシップ制度とはどのようなものであろうか。まず、全国で初めて同制度を導入した渋谷区は、2015年、「渋谷区男女平等及び多様性を尊重する社会を推進する条例」を施行した。これにより、区在住の20歳以上の同性カップルに、「結婚に相当する関係」と認めるパートナーシップ証明書の発行が認められるようになった。同条例には、性的マイノリティの権利を守るねらいがあり、性的マイノリティへの偏見や先に述べたような差別の解消を訴え、性的マイノリティが個人として尊重され、多様な生き方を選択できるように求めている。同条例による性的マイノリティとは、同性愛者だけではなく、両性愛者、無性愛者、性同一性障害者も含まれるため、同条例は同性カップルだけを対象とするものではないが、パートナーシップ証明を得られるのは同性カップルに限定されている（2条8号）。そして、同性カップルがパートナーシップ証明を得るためには、互いを後見人とする任意後見契約を締結し、登記した上で、共同生活に関する契約を公正証書で締結することが必要となる（10条2項）。この条例自体に法的拘束力はないが、区民と区内の事業者は同性カップルに最大限配慮しなければならず、条例に違反した場合、是正勧告をしたうえで事業者名などを公表するとしている（15条）。

　一方で、渋谷区に続き、世田谷区においても「世田谷区パートナーシップの宣誓の取扱いに関する要綱」が施行された。こちらは渋谷区のように「条例」という形ではなく、「要綱」という形での制定であるため、行政の裁量により策定されることになる。世田谷区のパートナーシップ制度は、パートナーシップ宣誓書を区職員に提出することで同性カップルのパートナーシップが認められる。その際、当該カップルが①双方とも20歳以上であること、②双方が区内に住所を有すること、または一方が区内に住所を有し、かつ、他の一方が区内への転入を予定していることを要件とする。また、要綱に違反した者に対する罰則は設けられていない。他の自治体も渋谷区や世田谷区と同様に、パートナーシップ制度を導入しているが、「条例」という形をとっているのは今のところ渋谷区だけである。

このような同性パートナーシップ制度の開始により、民間企業の福利厚生や消費者向けのサービスの利用可能範囲に変化が見られるようになった。たとえば、ソニーでは、人事制度、福利厚生等（転勤時の単身赴任判定や別居手当、育児教職等）において同性パートナーも配偶者と同等の扱いを受けられるようになったり、パナソニックでは、「行動基準」の中で性的指向、性自認に関する差別的言動を行わないことを明記している。また、消費者向けのサービスにおいても、たとえば、ソフトバンク、KDDI、NTTドコモでは、同性カップルに対しても家族割りの適用を認めていたり、日本航空、全日本空輸では、ためたマイルを同性のカップルで分け合えるようになったり、さらに、生命保険業界においても、10数社が同性カップルへの死亡保険の支払いを認めるようになっている。

3　憲法24条は何を定めた規定なのか？

　現在、わが国において、法律上同性婚を明示的に禁止する規定は存在しない。民法には婚姻に関する規定が設けられており、先に述べたように婚姻の要件には「同性でないこと」という要件は含まれていない。一方、日本国憲法には、婚姻に関する規定として24条が設けられている。同条1項は「婚姻は、両性の合意のみに基いて成立し、夫婦が同等の権利を有することを基本として、相互の協力により、維持されなければならない」と規定し、同条2項は「配偶者の選択、財産権、相続、住居の選定、離婚並びに婚姻及び家族に関するその他の事項に関しては、法律は、個人の尊厳と両性の本質的平等に立脚して、制定されなければならない」と規定する。この条文を見ると、24条1項において「婚姻は、両性の合意のみに基いて成立」すると規定されているものの、婚姻は異性婚に限定するだとか、同性婚を否定する文言は見当たらない。

　憲法24条はなぜ規定されたのだろうか。日本国憲法の制定過程において、ベアテ・シロタ・ゴードン氏が起草した案文に基づき24条が制定されたと言われている。そのうちの1つに「……婚姻と家族とは、両性が法律的にも社会的にも平等であることは当然であるとの考えに基礎をおき、親の強制ではなく相互の合意に基づき、かつ男性の支配ではなく両性の協力に基づくべきことを、ここに定める。……」という案文があった。この案文を基礎として24条が成立し

たわけであるが、これが意味するところは戦前の「家」制度を廃止することであったと言われている。この「家」制度とは、明治民法（旧民法）によって規定されたものであり、「家」制度の下における家父長はおおむね「家」の代表者（戸主）としての権限（戸主権）を有し、これに加えて子に対する父の支配権、妻に対する夫の絶対権、他の兄弟に対する長子の優越権などが認められていた。「家」制度は、一家の主である「戸主」がその他の家族について強い権限を有していた制度である。この点、佐藤幸治は、「憲法24条については、当初、明治憲法下の『家』制度の解体という面が強調されたが、その法的性格と内実について憲法解釈上必ずしも十分に解明されてきたとはいえない」と指摘している。

4　同性婚は憲法上認められるのか？

　以上のような「家」制度は、日本国憲法の制定とともに旧民法も改正されたため削除され、それと併せて、憲法24条の規定により、「個人の尊厳と両性の本質的平等」に立脚する新たな家族制度の構築が指示されている。では、24条の制定趣旨が、戦前の「家」制度の廃止であるならば、24条は同性婚を否定していないということなのだろうか。同性婚に関する内閣総理大臣の答弁書において、24条1項の規定から同性婚の成立を認めることは想定されていないと記されている。この点につき、多くの憲法学者や民法学者が議論しており、以下では、憲法学者の見解についてまとめることとする。

(1)　憲法24条との関係について

　まず、24条のいう「婚姻」とは、異性間の婚姻という意味であり、同性婚を想定していないため、同条は同性間の婚姻の自由を保障していないという見解があり、現在の通説的見解とされている。この見解によれば、憲法はあらゆる結合を「婚姻」としているわけではなく、24条1項の「両性」や「夫婦」といった言葉からも、異性間の婚姻を前提にしていることは明らかであり、男と女の1対1の結合だけが24条1項において保障されている婚姻であるということになり、同性婚は24条がいう「婚姻」には含まれないという。ただ、通説においては、24条によって同性婚が禁止されているというわけではなく、24条の趣旨が戦前の「家」制度を否定することであったことからして、憲法制定当時にお

いては、婚姻を異性婚に限定するか、同性婚も含めるのかといったことは想定されていなかったと考えられるだろう。

　他方で、憲法24条の解釈上、同性婚を許容するという見解は以下のとおりである。この見解は、「24条が近代家族をも超えて配偶者間のジェンダー平等を徹底する趣旨ならば、配偶者間の性別構成は如何様でも構わないはずである」として、同性婚を法律婚として認めることを可能と考えている。また、24条の制定趣旨から同性婚を容認することができるという見解もある。この見解は、戦前の「家」制度の廃止という制定趣旨を重視するならば、24条から同性婚を積極的に排除する意図を見出すことは困難であると捉える。それゆえ、国家が同性婚を認める立法をしたとしても、24条には反しないし同性婚を認めるための憲法改正も必要ないと説く。

　(2)　憲法13条との関係について

　他方で、憲法24条の解釈上、同性婚を認めることは難しいが、同性婚の問題を憲法13条の問題として捉えることができるという見解がある。つまり、この見解によると、男女の結合だけが24条1項において保障されているのであって、同性カップルの結合は13条の問題であるという。

　(3)　憲法14条1項との関係について

　法律で異性婚を認めている一方で、同性婚は認めないということは、14条1項の後段列挙事由である「性別」に基づく差別に当たるという見解や、同じく後段列挙事由である「社会的身分」に基づく差別に当たるという見解がある。

5　なぜ、同性カップルは同性婚を認めてほしいのか？

　ところで、同性カップルが結婚したい理由は何だろうか。異性カップルに婚姻が認められるのに対し、同性カップルにそれを認めないのは、憲法14条が定める法の下の平等に反するという訴えが実際に提起されている。では、なぜ彼らは同性婚を認めてほしいのだろうか。

　まず、そもそも結婚すること自体が憲法上保障された権利であり、その権利は同性カップルにも当然に認められたものであるということである。そして、現在各地方自治体で制定されている同性パートナーシップ制度では、法律婚によって当然生じる効果を得られないがために、実際に不利益を被っているとい

う現状もある。法律婚によって得られる効果は多岐にわたるが、たとえば配偶者の相続権について、民法890条は「被相続人の配偶者は、常に相続人となる」と規定する。この規定との関係で問題となる事例として、たとえば、先に触れた相続の場面における不利益として挙げた、「パートナーとの死別に際して、パートナーの名義で所有・賃借していた住居から退去しなければならなくなった」というものがある。この点、事実婚カップルは、法律婚をすれば配偶者として扱われ、退去しなくてもよいということになるが、一方で、同性カップルは現行法上、法律婚が認められていないため、パートナーが生前に遺言書を残していない限り、どんなに長く共に暮らしていても死別したパートナーの相続人にはなれず、退去せざるをえないということになろう。よって、パートナーシップ制度を制定し、「結婚に相当する関係」と認めるパートナーシップ証明書の発行が認められるようになったとはいえ、同制度には法的な拘束力がないため、先に例として挙げた相続の場面において、アパートの家主が退去を求めたとしても問題はないということになってしまう。

　同性婚が認められていないため、同性カップルは異性婚であれば婚姻によって当然得られる効果を得ることができない。同性カップルは、このような法的効果だけではなく、憲法上の平等原則の下、尊厳を持った個人として等しく尊重されることを求めているのではないだろうか。

6　今後の課題

　2015年、アメリカ連邦最高裁判所において、同性婚は基本的権利であり、憲法上保障されるという判決が下された。これにより、アメリカ全土において同性婚を差別することは許されないということになったのであるが、わが国においては、アメリカ合衆国のように同性婚を認めるという最高裁判決が下されたことはない。一方で、地裁レベルにおいては、事実婚の男女と同等に同性カップルも法的保護の対象になるという判断を示した判決が下されている。右判決は、憲法24条が婚姻を「両性の合意のみに基づく」と規定しているのは、「憲法制定当時は同性婚が想定されていなかったからにすぎず、同性婚を否定する趣旨とまでは解されない」と判示した。このように判断した背景には、同性婚を認めている諸外国の状況や、わが国においても、同性パートナーシップ制度

を導入する自治体が増加傾向にあることから、同性カップルにおいても一定の法的保護を与える必要性が高いと考えられたからであろう。また、2019年2月、わが国においても初めて同性婚が認められないことの違憲性を問う訴訟が、東京、札幌、名古屋、大阪の各地裁に一斉に提訴された。裁判所は、同性婚の合憲性について、どのような判断を下すのだろうか。

12 性別を理由に行きたい大学に行けないことがあるのだろうか？
◉性差別とクォータ制

できごと

　以下は、医学部を志望するＡ子とＢ太の会話である。Ａ子とＢ太は来年度、公立
Ｘ医科大学医学部の受験を考えている。

Ａ子：女性医師が少ないことがニュースになっていたね。

Ｂ太：Ａ子も確か医学部を目指しているよね？医者の世界は男性が多い気がする
　　　ね。入試で女性差別をしていた大学の関係者が、その理由として、『年齢を重ね
　　　ると女性は医師としてのアクティビティが下がる。』とか『女子の方が男子より
　　　もコミュニケーション能力が高い。』とか発言していたらしいから女性差別も関
　　　係するのかなぁ。

Ａ子：酷いね。そういえば、私が受験しようと思っている公立Ｘ医科大学は、女性
　　　医師を増やすために昨年度から入試に20名の女子枠を設けているよ。この女子枠
　　　のような割当制のことをクォータ制というんだって。

Ｂ太：へぇー、クォータ制かぁ。公立Ｘ医科大学の定員って確か100名じゃなかっ
　　　た？そうすると、もし僕が公立Ｘ医科大学を受験する場合、残り80名の枠に入ら
　　　ないと不合格になるってことだよね。

Ａ子：女子の私からすると良い入学制度だけど、男子の受験生からすると不都合な
　　　入試制度だね。

Ｂ太：公立Ｘ医科大学の入学制度の詳細が気になるから、ちょっと調べてみるね。
　　　あ、公立Ｘ医科大学の女子枠がニュースサイトに掲載されているよ。ん？記事の
　　　下の方に憲法学者のＴ教授のコメントが掲載されているみたいだ。

　　Ｔ教授のコメント　性別のみに基づいたクォータ制は、逆差別にあたり、憲法14条１
　　　項が禁ずる不合理な差別に該当する可能性が高い。

Ｂ太：確かに男性からすると女子枠は差別的だよね。こんな入試をしていて大丈夫
　　　なのかな。

Ａ子：確かに逆差別的な気もするね。今、私も公立Ｘ医科大学の女子枠のニュース
　　　を見ていたのだけど、昨年の公立Ｘ医科大学の入試で試験成績が81位であったに

もかかわらず不合格になった男子受験生が公立Ｘ医科大学に対して訴訟を起こすらしいよ。

Ｂ太：本当？僕もそのニュースを見てみようっと。『女子枠を採用する公立Ｘ医科大学の入試で不合格となった男性が、県を相手取り、本件入学制度が憲法14条1項に違反するため違憲であるとして、不合格処分の取り消しと合格処分の義務付け訴訟を提起するとともに、不合格になったことで精神的苦痛を被ったとして損害賠償を請求した。』と書いてあるね。どんな判決が出るのかな。

Ａ子：ところで、今回は、女子枠が問題となっているけど、国公立の女子大学って問題ないのかな？

Ｂ太：そうだね。そういえば、同じクラスのＣ君は看護学部に進みたいらしいんだけど、県内には公立Ｙ女子大学の看護学部しかないって困っていたなあ。

Ａ子：Ｃ君は家庭の事情で県外に出れないんだったね。大変だね。

クォータ制や女子大学の合憲性について、あなたはどう考えますか？

考えてみよう憲法問題

1　平等原則と平等権

　憲法14条1項は、「法の下の平等」を定めている。その規定の性格については、平等原則を謳った規定であるとか、平等権を保障した規定であるとか言われる。

　憲法14条1項は平等原則と平等権の二面性を持つとされる。つまり、憲法14条は、1項前段において、「法の下の平等」を原則として定めるが、それだけにとどまらず、後段で、人種・信条などによる差別を禁じることによって、一定の事由により不合理な差別をされない権利という意味での平等権を保障したものと理解することができるのである。この根拠として、たとえば、1789年のフランス人権宣言が挙げられる。フランスでは、1789年の人権宣言によって平等原則が保障されたが、1793年には、平等が権利であると主張されるようになり、1793年の憲法冒頭の人権宣言では、平等は自然権の筆頭に挙げられた。このようなフランスにおける歴史的な観点から、平等は本来、権利の平等という原則を意味するものであったが、差別を禁止するという趣旨を強調するために、「平等権」というものが確立されたのである。

ところで、平等権といっても、その具体的な内容は、様々であり一様ではない。そのため、平等の問題を検討する際には、法原則としての平等原則の実体的な価値を考慮に入れ、その問題について検討を行う必要があることに注意しなければならないであろう。

2　憲法14条１項の意味

　かつては、憲法14条１項の「法の下の平等」とは、法がすべての者に平等に適用されることを意味するとされた。このような立場を立法者非拘束説というが、その背景には立法機関としての議会に対する厚い信頼があった。しかし、憲法は、98条で自らを最高法規と位置付け、さらに、81条で、議会が制定する法律が憲法に違反するか否かを最終的に裁判所が判断する司法審査制を採用することによって、最高法規性を具体化していることから、もはや立法者非拘束説の立場は妥当しないと考えられている。そこで、通説・判例は、憲法14条１項の「法の下の平等」が議会を拘束し、法の適用の面だけではなく、法の内容についても差別を禁止する趣旨であると解している（立法者拘束説）。

　また、憲法14条１項は、「人種、信条、性別、社会的身分又は門地により、政治的、経済的又は社会的関係において、差別されない」と規定するが、通説・判例は、これらの列挙事由が、単なる例示に過ぎず、それら以外の事由に基づく差別についても、それを正当化する合理的根拠が認められないのであれば、不合理な差別として禁止されるとする立場を採っている。事実、尊属殺重罰規定違憲判決において、最高裁は、「憲法14条１項は、国民に対し法の下の平等を保障した規定であつて、同項後段列挙の事項は例示的なものであること、およびこの平等の要請は、事柄の性質に即応した合理的な根拠に基づくものでないかぎり、差別的な取扱いをすることを禁止する趣旨と解すべき」であると述べている。他方で、後段列挙事由による差別は不合理な差別の典型例であり、後段列挙事由に基づく区別は、合憲性の推定が排除されるため、このような区別を正当化するための立証責任は政府側にあるとする有力な見解もある。

3　形式的平等と実質的平等

　近代においては、国家の法が各個人に保障するものは、機会の平等であれば
よく、それ以上の結果の平等までは求められなかった。この機会の平等は、事
実上の不平等を積極的に是正するというような実質的平等を要求するものでは
なく、あくまでも法的な取り扱いにおける平等であり、その意味では形式的平
等ということができる。この形式的平等は、人にはそれぞれ様々な違いがある
にもかかわらず、国家に対して、形式的にすべての人を同じように扱えという
ことを求める。これは、様々な違いがあっても、形式的に法的には同様に扱う
ということを意味するため、その違いに基づく実質上の不平等状態を無視する
ことにつながり、その不平等の固定化および拡大を招くおそれがある。それに
もかかわらず、近代における憲法上の平等原則は、法的取り扱いの均一化とい
う形式的平等を重視し、実質的な不平等状態の是正ということを射程に入れて
こなかった。要するに、近代においては、国家の任務は各個人の自由な活動を
保障することであって、そうした自由な活動によって達成される結果に違いが
出てくるのは、各個人の能力や勤勉さによるものとして、国家の関与すべきこ
とではないと考えられたのである。

　ところが、資本主義の高度化など、その後の経済および社会の発展は、機会
の平等をいかに保障しても、富める者は、ますます豊かさや自由を享受できる
のに対して、マイノリティや生活困窮者といった社会的弱者は、自由はおろか
生存すら脅かされるという事態を生みだした。そこで、この機会の平等がもた
らした自由な競争における社会的・経済的不平等を是正して、実質的平等を実
現することが、国家に対して求められるようになってきたのである。

　この実質的平等の典型として、人種あるいは性別による差別を解消する目的
で実施されるアファーマティヴ・アクション（アメリカ・カナダ型）やポジティ
ヴ・アクション（EU・日本型）があげられる。

4　日本における差別の問題とポジティヴ・アクション

(1)　日本における性差別

「妻ハ婚姻ニ因リテ夫ノ家ニ入ル」と規定する明治憲法下の民法788条からも
理解できるように、明治憲法下の民法は家制度を規定していた。さらに、明治

憲法下では、夫権が重んじられ、民法においても801条に「夫ハ妻ノ財産ヲ管理ス」という規定が定められ、妻の行為能力は否定されていた。また、1907年の刑法改正の際、旧刑法が規定していた姦通罪が引き継がれ、同法183条には、「有夫ノ婦姦通シタルトキハ二年以下ノ懲役ニ處ス其相姦シタル者亦同シ」「前項ノ罪ハ本夫ノ告訴ヲ待テ之ヲ論ス但本夫姦通ヲ縦容シタルトキハ告訴ノ効ナシ」という規定が置かれた。このように、平等原則を保障していなかった明治憲法の下では、妻である女性は夫の所有物のように取り扱われていた。つまり、女性は民法上も刑法上も1人の個人として取り扱われていなかったのである。また、日本では1925年に普通選挙法が制定されたが、選挙権が与えられたのは25歳以上の成年男子に限定されていた。その後、日本においては女性参政権運動が活発に行われていたにもかかわらず、女性に選挙権が認められたのは戦後の1945年であった。そして、1947年の日本国憲法の施行により、戦前の刑法や民法の規定、特に親族法・相続法にかかわる制度上の女性差別を撤廃する法改正ならびに法制定が行われた。ところで、憲法で両性の平等を謳う条文は14条と24条であるが、24条は GHQ 民政局による日本国憲法起草に関わったベアテ・シロタ・ゴードンが各国の憲法を調査し、執筆したものであるとされる。ゴードンは、幼い頃に両親とともに日本で暮らしていたが、その時に感じた日本の女性の地位の低さを改善しようとしたとされている。

(2) 性差別と国際条約

　女性に対する差別の問題は、あらゆる国で顕在化していたため、これに対処するために、国連は男女平等を重視する姿勢を示し、1945年の「国際連合憲章」、1948年の「世界人権宣言」、さらには、1966年の「国際人権規約」に男女同権の規定を定めたが、世界各国で男女平等の理念を強力に推進するには至らなかった。そこで、1972年から女性の地位委員会は、女子差別撤廃条約の制定を目指した。それは、国連が1975年を「国際婦人年」と定め、さらに、その翌年から10年間を「国連婦人の10年」として定め、女性の地位向上のための活発な活動を展開していた時期であった。そして、1979年には女子差別撤廃条約が採択され、その翌年である1980年のコペンハーゲンにおける第2回世界女性会議において同条約の署名式が行われた。日本は、1980年のコペンハーゲンにおける第2回世界女性会議における署名式において、女子差別撤廃条約に署名し

たが、選挙権だけではなく、あらゆる形態の差別を撤廃することを締約国に義務付ける右条約を批准するためには、国内の法制度などを整備する必要があった。そのため、政府は女子差別撤廃条約の批准に際して、1984年、父母両系血統主義へ変更することを目的に国籍法の改正を行うとともに、男女の履修基準の同一化を図ることを目的に学習指導要領改正の方向を示した。さらに、政府は職場における男女平等を推進するために、1985年、「雇用の分野における男女の均等な機会及び待遇の確保等に関する法律」、いわゆる男女雇用機会均等法を制定し、翌年施行した。以上のような法整備を行った上で、1985年、日本は女子差別撤廃条約に批准した。

(3) 性差別是正のための積極的施策

　女性の役割についてのステレオタイプ化を払拭し、女性の社会参画を推進するための効果的な制度として、欧米諸国が積極的に行っているアファーマティヴ・アクションやポジティヴ・アクションが挙げられる。アファーマティヴ・アクションとは、アメリカで実施されている教育・雇用などの分野における過去の社会的・構造的差別がもたらした弊害を除去するための積極的な施策のことである。他方で、ポジティヴ・アクションとは、主として EU 加盟国における女性差別是正のための積極的な施策を指しており、日本においても女性差別是正のための積極的な施策はポジティヴ・アクションと呼ばれている。アファーマティヴ・アクションやポジティヴ・アクションは、逆差別であるとの批判がしばしばなされるが、この点について、人種差別撤廃条約は、2条2項において、「締約国は、状況により正当とされる場合には、特定の人種の集団又はこれに属する個人に対し人権及び基本的自由の十分かつ平等な共有を保障するために、……当該人種の集団又は個人の適切な発展及び保護を確保するための特別かつ具体的な措置をとる」と定め、さらに、1条4項において、「……必要に応じてとられる特別措置は人種差別とみなさない」と規定している。また、女子差別撤廃条約は、4条において、「締約国が男女の事実上の平等を促進することを目的とする暫定的な特別措置をとることは、この条約に定義する差別と解してはならない」という規定を置いている。このようなことから、人種差別撤廃条約および女子差別撤廃条約上、アファーマティヴ・アクションやポジティヴ・アクションは差別とはみなされないであろう。

日本においては、1999年に男女共同参画社会基本法が成立し、同年施行され
たが、同法の2条2号は、ポジティヴ・アクションを「……男女間の格差を改
善するため必要な範囲内において、男女のいずれか一方に対し、当該機会を積
極的に提供すること」と定義し、さらに、同法8条および9条において、男女
共同参画社会の形成の促進に関する施策（積極的改善措置を含む。）を策定およ
び実施する責務を国ならびに地方公共団体に課すと定めている。また、2015
年、日本政府は、第4次男女共同参画基本計画を閣議決定し、その中で2020年
度末までに中央省庁の課室長職で7％、さらに、民間企業の女性課長職割合を
15％とするなど各分野における女性の登用目標を明記したが、クォータ制のよ
うな強力な取組みを実施しない限り、実現できない数字であるように思われ
る。

5　クォータ制の問題点
　クォータ制は、実質的な男女平等を実現するための様々な優遇措置のうちの
1つである。たとえば、ノルウェーでは、1981年に改正された男女平等法に基
づき、4名以上からなる公的委員会においては、一方の性が40％以上を占める
ことを義務付けるクォータ制が採用されている。さらに、2004年、ノルウェー
では会社法が改正され、株式上場企業の取締役会における女性の割合を40％以
上にすることが法律で義務付けられた。
　また、韓国でも政治における男女平等参画を推進するためにクォータ制が導
入されており、国政選挙および地方選挙で女性議員数が増加している。2004
年、韓国では、政党法が改正され、各政党は比例代表選挙の候補者の50％以上
は女性を推薦しなければならないと定められた。加えて、政党法6条において
は、各政党に対し、小選挙区選挙においても候補者の30％を女性候補者にする
よう努力義務が課されており、これを遵守した場合、政党助成金を追加支給す
ると規定されている。
　フランスでは、憲法院により選挙におけるクォータ制が違憲と判断されたこ
とから、クォータ制ではなくパリテ（「2つのものの類似性」を意味するラテン語
の paritas に由来。）という言葉で政治における男女平等参画が推進された。フ
ランスでは、1999年、クォータ制に対する憲法院の違憲判断を回避することを

目的に憲法が改正され、これを受けて「選挙による議員職及び選挙によって任命される公職への男女の均等なアクセスを促進する2000年6月6日の法律第2000-493号」（通称パリテ法）が制定された。この「選挙による議員職及び選挙によって任命される公職への男女の均等なアクセスを促進する2000年6月6日の法律第2000-493号」では、①比例代表選挙（1回投票・上院議員選挙など）においては、候補者名簿の順位を男女交互にすること、②比例代表選挙（2回投票・人口3500人以上の市町村議会議員選挙など）においては、名簿登載順の6名毎に男女同数とすること、③小選挙区選挙（下院議員選挙など）においては、候補者の男女割合の差が2％を超えた政党・政治団体への公的助成金を減額すること、などが定められた。また、フランスにおいては、2008年にも憲法改正が行われ、経済・社会領域においても男女平等参画を推進することが憲法に明示された。これによって、たとえば、企業の取締役会へクォータ制を導入することも可能になった。

　他方で、クォータ制は逆差別であるという批判もある。たとえば、アメリカのカリフォルニア大学医学校では、過去の人種差別の弊害により黒人の医師が少ないという問題を解消するために人種的マイノリティ枠を設けた特別入学制度を実施していたが、人種的マジョリティの側から当該入学制度は逆差別であり、合衆国憲法の平等保護条項に違反するとして訴訟が提起された。この訴訟において、アメリカ連邦最高裁（判例66）は、人種のみに基づいたクォータ制は、合衆国憲法の平等保護条項に違反し、違憲であるという判決を下した。この事件を契機にアメリカの大学の入学制度においては、クォータ制が採用されなくなったが、アメリカの大学は、逆差別の問題を回避した入学制度を採用することでアファーマティヴ・アクションを継続している。その例として、学生集団の多様性の実現を目的に個人の資質や能力に関する様々な考慮要素の中に人種という要素を加えるといった方法が挙げられる。また、人種差別撤廃条約が、1条4項において、「人権及び基本的自由の平等な享有又は行使を確保するため……必要に応じてとられる特別措置は、人種差別とみなさない」と定めているが、アメリカ連邦最高裁がクォータ制を違憲とした背景には、1957年のアメリカ連邦最高裁判決（判例64）で確立した条約に対する憲法の優位性があるように思われる。

6　女子大学の合憲性

　連合国最高司令官のマッカーサーは、幣原喜重郎内閣総理大臣に婦人解放および労働組合結成の奨励・学校教育民主化・秘密審問司法制度の撤廃・経済機構の民主化の5大改革を要求したが、その具体化の1つとして、1945年12月4日、閣議は「女子教育刷新要綱」を決定した。そして、1947年3月31日、教育基本法とともに公布された学校教育法により、旧制の高等教育機関のすべてが4年制の新制大学に再編された。その後、1948年6月22日、文部省は11原則で構成される新制国立大学設置案を決定したが、その第5原則に「女子教育振興のために、特に国立女子大学を東西二カ所に設置する」という規定が置かれた。これを受け、1949年、東京女子高等師範学校と奈良女子高等師範学校が、それぞれお茶の水女子大学と奈良女子大学に名称変更し、発足した。

　かつての女子教育は、「良き妻であり、賢き母となること」、すなわち、いわゆる良妻賢母主義に基づく教育であり、人間としての能力や可能性を発展させることを目的としたものではなかった。つまり、戦前、女性のみに姦通罪が適用されたり、妻は法律上無能力とされたりと女性差別が顕著であったが、教育においても女性は差別されていたのである。したがって、国公立の新制女子大学の設置は、教育分野における過去の女性差別の是正措置と捉えることができよう。他方で、男子が国公立の女子大学への入学を希望した場合、たとえ学業成績が優秀であっても性別を理由に入学を拒否されるであろう。そのため、国公立の女子大学は、逆差別の問題をはらんでいると言える。そこで、先進性の認められるアメリカ連邦最高裁の判例法理に依拠しながら、この問題について検討を行いたい。

　1973年の尊属殺重罰規定違憲判決（判例⑫）以降、平等原則違反が問題となった日本の最高裁判例では、目的・手段審査が行われているが、アメリカ連邦最高裁の判例法理においては、飲酒禁止年齢に男女差を設けた州法の合憲性が争われた1976年の判決（判例㊿）以降、性別に基づく分類を採用した立法の合憲性については、より厳格な目的・手段審査が行われている。具体的には、目的審査において、法律の設けた分類が重要な政府の目的に資するものであること、さらに、手段審査において、当該法律の目的とそれを実現するための手段との間に実質的な関連性が採用されていることを政府の側が立証しない限り、

その法律は違憲とされる。そこで、このようなアメリカ連邦最高裁の判例法理に依拠しながら、〔できごと〕の公立Y女子大学の合憲性について検討を行いたい。公立Y女子大学学則第1章第1節14条は、「広く知識を授け、深く専門の学術を教授、研究し、知的、道徳的及び応用的能力を養い、もって社会の諸分野における有為にして教養高き女子を養成し、併せて文化の進展に寄与すること」という設置目的を規定しているが、このような設置目的は、重要な政府の利益に資すると認めることができるため、憲法には違反しないであろう。しかし、その一方で、このような設置目的を実現するための手段としての教育は、女子専科でなければ実現できないものではないであろう。したがって、当該設置目的を実現するための手段として、女子専科という狭く限定された手段が採用されているということができるため、右設置目的との関係で実質的関連性を有する手段が採用されているとは言えず、公立Y女子大学は、憲法14条1項に抵触する可能性があると言えよう。加えて、このような判例法理に依拠すれば、同様の設置目的を有する男子大学も違憲となる可能性があろう。

13 わたしらしく生きるために支援を受けられるだろうか？
◉地域で暮らす権利と介護保障

できごと

Ａさんは、生まれつきの脳性麻痺のため、首から下の自由が利かない。自力で歩いたり、立ったりすることはできない。夜、寝返りをうつこともできない。移動するにはヘルパーに車いすを押してもらう必要がある。近くの物も自分で手にとれないため、たとえば目の前にコップがあっても、手にとってお茶を飲むことはできない。また不随意運動（＝自分では動かそうとしていないのに勝手に身体が動いてしまうこと）があり、車いすの上で体が左右に傾いてしまうと、自力で元に戻せない。一方、言語障害があるものの、自ら声を発してヘルパーを呼ぶことはできる。尿意や便意はあるので、ヘルパーがいれば、声をかけて介護を受け、尿器やトイレで排泄することができるが、ヘルパーがいなければ、自らトイレに行くことはできず、そのまま排泄するか、おむつを付けるしかない。

Ａさんは高校卒業後も実家で親の介護を受けて暮らしていたが、ある日、テレビで自分より重い障害のある人が、ヘルパーの介護を受け、親元でも施設でもなく、地域で１人暮らしをしている姿を見て、「自分も１人暮らしをしたい」と一念発起してアパートで暮らし始めた。

１人暮らしを始めた際、Ａさんは障害者の日常生活及び社会生活を総合的に支援するための法律（以下、障害者総合支援法）22条１項に基づき、１日あたり16時間の重度訪問介護（＝見守りを含む長時間の介護を内容とする訪問介護の類型）の支給決定を受けた。ところが３年後、Ｂ市は、「この度新しく市の支給決定基準を作成した。新しい基準では、Ａさんの支給量（＝ヘルパー時間数）は１日あたり12時間となる。市の財政事情も厳しく、すべての人に希望通りの支給量は出せない。他の人の支給量はもっと少ない。Ａさんも１人暮らし開始から３年が経ち、生活にも慣れたことから、支給量を減らしても大丈夫でしょう」として、Ａさんの支給量を１日あたり12時間へ削減する決定をした。その結果、Ａさんはヘルパー不在の時間が増え、トイレに行ったり水分を補給したりすることが困難になった。

Ａさんは、夜間も尿意を感じたり、寝返りが出来ず、身体が痛くなって目覚めることがあるため、ヘルパーの泊まり介護を希望しているが、Ｂ市は、泊まり介護がなくても生命、身体に重大な侵害が生じるおそれがあるとは言えないとして、泊ま

り介護を認めず、2時間に1回程度の巡回による介護のみを認めている。

B市の決定について憲法上どのような問題があるか。

考えてみよう憲法問題

1 障害のある人の「自立」生活

人は皆、食事をしたり、歩いたり、着替えたり、入浴したり、排泄したり、人と話をしたり、社会参加をしたりする。障害のない人は、これら人が人として生きていくために必要な行為を、他者の支援なしにすることができる。

しかしAさんのような障害のある人の場合、これらの行為をするには他者の支援、すなわち介護が必要不可欠である。介護があって初めて、障害のある人は地域の中で障害のない人と同じように生活していくことができる。

公的な福祉制度が十分に整っていなかった頃は、障害のある人は親元か、そうでなければ施設で暮らすことが多かった。しかし、日本でも1970年代以降、施設や親元ではなく、介護を受けて地域の中で「自立」生活を送る障害のある人が増え、それに伴って在宅での公的介護制度も次第に整ってきた。ここでいう「自立」とは、「着替え、食事など自分のことを自分でし、他者の世話にならない」という意味（＝身辺自立）ではなく、「必要な支援を受けながら、自らの生き方を自分で決める」という意味の、自己決定を核とした自立のとらえ方を言う。

2 障害のある人が支援を受けて地域で暮らす権利の法的根拠

(1) 憲　法

(i) **はじめに**　では、障害のある人が支援を受けて地域で自立して暮らす権利は、憲法上どのように位置付けられるであろうか。憲法はこのような権利について明示的な規定を設けていないが、関係しそうな条文はいくつかある。

(ii) **憲法13条**　13条は、障害のある人を含めたすべての国民が、個人として尊重されること、幸福を追求する権利をもっていることを認めている。このような13条から、公権力から干渉されることなく、「自らの生き方を自分で決

める」という自己決定権が導き出される。障害のある人も、施設で暮らすのか、親元で暮らすのか、地域で生活するのか、自分で決めることができるということである。

　さらに、障害のある人が自己決定権を行使するためには、社会の側が、障害のある人が地域において障害のない人と共存することを認め、必要な支援を提供することが不可欠である。

　したがって、13条は、単に公権力から干渉されずに自己決定できるというに留まらず、障害のある人が地域で暮らすために必要な支援を公権力に求められることも含めて保障しているとも考えられる。

　(iii)　憲法14条1項　　障害のない人の場合、介護がなくても地域で1人暮らしをすることができるが、障害のある人の場合、介護がなければ地域で1人暮らしをすることはできない。公的介護がないことで障害のある人だけが不平等な取り扱いを受けることになると考えれば、14条1項が定める平等権の問題でもあると言え、14条1項から、障害のある人に対する公的介護の提供が求められることになる。

　(iv)　憲法22条1項　　障害のある人が、介護体制が整わないという理由で本人の望まない施設や親元での生活を余儀なくされることは、22条1項が定める居住移転の自由が保障されないことを意味する。居住移転の自由は、これまでは自由権として、公権力から干渉されないことを保障する人権であると考えられてきた。

　しかし、障害のある人に居住移転の自由が本当の意味で保障されるためには、地域で暮らすために必要な介護が確保されることが不可欠である。とすれば、居住移転の自由を公権力からの自由権として理解するだけでは不十分であり、22条1項は、障害のある人が地域で暮らすために必要な介護を公権力に求める権利をも含めて保障しているとも考えられる。

　(v)　憲法25条1項　　25条1項が認める生存権は、人間が人間らしく生きるのに必要な諸条件の確保を、国家に要求する権利である。障害のある人が地域で暮らすために必要な介護を受ける権利は、このような生存権の一内容と言えよう。

　もっとも、生存権は「健康で文化的な最低限度の生活」を保障するに留まる

ものである、これに対して障害者が地域で暮らす権利は、「障害のない人と同様の生活を送る」ことを可能ならしめる権利である。このような権利は、25条のみから導かれるというわけではないであろう。

(vi) 障害のある人が地域で暮らす権利の複合的性格　憲法上の基本的人権には「国家から干渉されない」ことを保障する自由権と、「国家に対し積極的な作為を要求する」権利である社会権があるとされる。しかし、障害のある人が支援を受けて地域で暮らす権利については、自由権または社会権のいずれかに分類することはできず、両者の複合的な性格を持つ。

障害のある人の地域で暮らす権利は、以上述べたような憲法13条、14条１項、22条１項、25条１項の各条文から導き出される複合的な権利であると言えよう。

(2) 障害者権利条約

障害のある人が支援を受けて地域で暮らす権利は、日本も締結、批准している障害者権利条約で認められた権利でもある。

障害者権利条約は、「他の者との平等」、すなわち、障害のある人も障害のない人と平等の権利を享受するという点を重視している。

そして、障害者権利条約19条によれば、締約国は障害のある人に障害のない人と同様にどこで誰と住むかの選択の機会を保障し、障害のある人が特定の生活様式で生活することを義務付けられないようにするとともに、障害のある人の地域社会における生活などを支援し、障害のある人が地域社会から孤立したり、隔離されたりすることを防止するために必要な地域社会の支援サービスを利用できるようにしなければならない。

同条約19条は、憲法によって認められる「障害のある人が支援を受けて地域で暮らす権利」をより具体化するものと言える。

3　障害のある人が支援を受けて地域で暮らす権利の法的性格

(1) 憲法25条の権利性

障害のある人の地域で暮らす権利は複合的な性格を有する権利であるが、その違憲審査に当たっては、「国家に要求する」という側面を重視すると、25条における審査基準論が参考になろう。

25条の法的性質をめぐっては、学説は3つに大別される。第1に、25条は法的効力を持たず、国家に対する政治的・道徳的義務以上のものは定めていないと解するプログラム規定説である。しかし、それでは法的に無意味な規定ということになりかねず、今日では妥当ではないとされる。

第2に、25条は国に立法・予算を通じて生存権を実現すべき法的義務を課しているとする抽象的権利説である。この説によれば、生存権はそれを具体化する法律によって具体的な権利となる。国会が生存権を実現するための立法を行った場合、25条は当該立法の解釈基準として機能することになり、立法が存在する限りでは、25条は具体的給付の内容をもある程度までコントロールすることができる。また裁判所は、具体的に制定された法律の内容が25条に違反するという判断もなし得る。一方、そのような法律がない場合には25条を直接の根拠にして国の立法不作為の違憲性を争うことはできない。

第3に、生存権を実現する義務を国会が果たさない場合（＝具体的立法が存在しない場合）には、国民は立法の不作為の違憲確認を求めることができるとする具体的権利説である。

(2) 障害のある人の地域で暮らす権利を具体化する立法

本件のような障害のある人が公的介護を受けて地域で暮らす場面においては、2005年、障害者自立支援法が成立し（その後、平成24年に障害者総合支援法に改称）、現在は、同法に基づいて障害のある人に公的介護が提供されている。障害者総合支援法は、憲法25条1項等が保障する障害者が支援を受けて地域で暮らす権利を具体化する法律と言える。

障害者総合支援法22条1項は、市町村は、支給申請に係る障害者等の障害支援区分、当該障害者等の介護を行う者の状況、当該申請に係る障害者等の障害福祉サービスの利用に関する意向その他厚生労働省令で定める事項を勘案して介護給付費等の支給要否決定を行うと定めているが、法律は支給量を決めるに当たってどのような項目を検討すべきかを示しているのみで、法律の規定から直ちに、1人ひとりの障害者に対しどれくらいの支給量を認めるべきか定まるわけではない。そこで支給量の決定については、市町村の合理的な裁量に委ねられているものと考えられる。

⑶　違憲判断の枠組み

しかし、市町村に裁量があるといっても、支援を受けて地域で暮らす権利が憲法上の人権であることから、市町村の裁量も無限定とは言えない。

憲法25条に関する抽象的権利説または具体的権利説を踏まえれば、市町村が行う障害福祉サービスの支給量に関する決定が、障害のある人が地域で暮らす権利を保障するに足りない場合、市町村の裁量権の範囲を逸脱、濫用したものとして、憲法違反になる。

その際、国民から選ばれた代表によって構成される立法府の判断や、行政庁の専門的、技術的な判断を尊重すべきと考えると、比較的緩やかな違憲審査がなされることとなろう。一方、障害のある人の地域で暮らす権利の重要性を鑑みれば、より厳格な違憲審査基準による審査が行われるべきであるということになろう。

また、いったん具体化された給付とその水準を廃止・後退させる場合、その正当性は厳しく審査されるべきであろう。

4　裁判例

⑴　和歌山石田訴訟高裁判決

では具体的にどのような場合に市町村による決定が憲法違反となるであろうか。リーディングケースとして、大阪高裁（判例(52)）がある。

⑵　支給量の個別即応の原則

裁判所は、「障害者には多様なものが含まれ、その障害の種類、内容、程度はそれぞれ異なるから、障害者等一人一人の個別具体的な障害の種類、内容、程度を考慮しなければ、障害者等が……自立した日常生活又は社会生活を営むことができるよう必要な障害福祉サービスに係る給付その他の支援を行うことは困難である」とし、市町村が作った支給決定基準を機械的に当てはめて支給量を決めるのではなく、１人ひとりの事情に応じて個別に支給量を定める必要があるとの判断を示した。

次に、裁判所は、「市町村が行う支給要否決定並びに支給決定を行う場合における障害福祉サービスの種類及び支給量の決定が裁量権の範囲を逸脱し又は濫用したものとして違法となるかどうかは、当該決定に至る判断の過程におい

て、勘案事項を適切に調査せず、又はこれを適切に考慮しないことにより、上記の各決定内容が、当該申請に係る障害者等の個別具体的な障害の種類、内容、程度その他の具体的な事情に照らして、社会通念上当該障害者等において自立した日常生活又は社会生活を営むことを困難とするものであって、自立支援法の趣旨目的（自立支援法1条）に反しないかどうかという観点から検討すべきである」とした。

これは、個別事情に応じて支給量を定めるとして、その際の支給量積算の観点を示したものである。

裁判所が「自立支援法の趣旨目的」を支給量決定の際の観点として示したことは重要である。

自立支援法は、憲法や障害者の権利条約を具体化するものとして、その1条で「障害者等が……自立した日常生活又は社会生活を営むことができるよう必要な障害福祉サービスに係る給付その他の支援を行う」こととしていた。2013年4月から施行された障害者総合支援法では、1条の2（基本理念）として、「全ての障害者及び障害児が可能な限りその身近な場所において必要な日常生活又は社会生活を営むための支援を受けられること」との基本理念も定められている。

決定された支給量が、障害のある人が地域で暮らす権利を保障するに足りず、障害のある人の日常生活や社会生活が困難になる場合には、市町村による決定が違法になるということを裁判所も前提としているのである。

(3) 市町村の財政事情

ここで、財政上の制約があることを理由に市町村に広範な裁量を認めるべきではないかとも考えられる。

しかし、市町村の財政上の制約によって保障が危うくなるような権利はそもそも憲法上の人権とは言えない。少なくとも抽象的な財政上の制約を根拠に行政の広範な裁量を認めるのは誤りであろう。

この点、大阪高裁は、原告の支給量増を認めると「一審被告の財政には一定の影響はあるものと考えられるが、証拠上、具体的にいかなる支障が生じるか明らかではなく、一審被告の財政に与える影響等によって、上記認定は左右されない」とし、市町村による財政事情の制約の主張を排斥した。

(4) 他の受給者との均衡

次に、他の受給者との均衡ということは行政の広範な裁量を認める根拠になるか。

多くの市町村が、「他の障害のある人にもそんなに支給量は認めていない」、「あなたにだけたくさん支給量を認めるのは不公平だから、認められない」などと言う。

しかしそもそも「他の障害のある人」に十分な支給量が保障されているとは限らない。また、同じような障害の程度や身体状況に思えても、障害のある人各自それぞれ事情が異なるのであり、あくまで1人ひとりの事情を踏まえて支給量が定められなければならないであろう。

この点、大阪高裁は、「一審被告の指摘する、他の受給者との均衡は、それ自体、勘案事項とはされていないうえ、『障害者等……の心身の状況』を上回る重要性を持つとはいえないから、一審被告の上記主張は採用できない」と判断し、市の「他の受給者との均衡を図る必要がある」との主張を認めなかった。

(5) 「健康の維持等」という視点

市は、原告には泊まり介護を認めなくても生命身体に重大な侵害を生じるおそれはないと主張していた。一審判決（判例⑥）も、「原告の就寝中につき、介護時間の長さはともかくとして、継続的な介護ではなく、巡回による介護を前提に支給量を決定したこと自体が著しく妥当性を欠くものとはいえない」と判断していた。

これに対し大阪高裁は、「生命身体の危険」に留まらず、「健康の維持等」に支障が生じるか否かを検討し、「就寝時間に当たる夜間を通して見守り介護を認めなければ、一審原告は睡眠時間を確保し体調を維持することは困難と考えられる」と判断して、一審判決も認めていなかった夜間継続での泊まり介護の必要性を認めた。

5 検 討

(1) 事例について

本件事例において、B市の決定は、いったん具体化されたAさんに対する給付を後退させるものであり、正当化事由があるかどうかは厳しく審査されなけ

ればならない。

　Aさんは、障害の程度や生活状況は変わらないのに、B市によって支給量を削減され、その結果、必要なタイミングで水分補給や排泄をすることができず、またヘルパーがいない時に車いす上で身体が傾いてしまっても、次にヘルパーが来るまでじっとそのままで耐えなければならない。

　障害のない人であれば、いつでも必要が生じたときに水分を補給し、トイレに行って排泄をし、身体の位置の調整も可能である。しかしAさんの置かれた状態は、障害のない人であれば当然享受できる日常生活における安心が保障されない状態である。Aさんは、ヘルパーがいないことによって生活上の支障が絶えず生じることになる。

　また、Aさんは夜間も尿意を感じたり、身体が痛くなって目覚めることがある。その場合、目が覚めたタイミングでヘルパーに声をかけ、必要な介護を受ける必要がある。もしB市が主張するように夜間は巡回による介護で対応することになれば、Aさんは夜中目を覚ましてもヘルパーが来るまで介護を受けることができず、排泄を我慢したり、身体の痛みに耐え続けなければならない。このような状態では、十分な睡眠をとることもままならず、健康の維持にも支障が出ると考えられる。

　のどが渇いた時に水分を補給することができず、トイレに行きたくなってもすぐ排泄することができず、ヘルパーが来るまで我慢しなければならない。夜中、身体の痛みで目を覚ましても、寝返りをうつこともできず、痛みに耐えなければならない。このような生活がはたして「障害のない人と同様の」「自分らしい生活」と言えるであろうか。

(2)　健康の維持ができればそれで足りるのか

　大阪高裁は、「健康の維持等」に支障が生じるか否かを基準としていたが、障害のある人が「障害のない人と同じように地域で自立した日常生活や社会生活を営む」ことは、単に「生命、身体の維持」に留まらず、それのみならず、「健康の維持」に留まるものでもないであろう。この点は、大阪高裁判決の後に残されている課題である。

　大阪高裁は、「決定内容が、……当該障害者等において自立した日常生活又は社会生活を営むことを困難とするものであって、自立支援法の趣旨目的……

に反」する場合には支給決定が違法となるとする。裁判所が基準とする「自立した日常生活又は社会生活」の中身をどのように考えるのかが問われていると言えよう。

14 病名によって助成の有無が決まってよいのだろうか？
◉難病法に基づく医療費助成

できごと

2014年5月23日、「難病の患者に対する医療等に関する法律」(以下、難病法)が成立し、2015年1月1日から施行された。1型糖尿病のXさんとその友人のYさんが、難病法に基づく医療費助成制度について話をしている。

X：僕、2歳の時に1型糖尿病を発症して、それ以来、毎月病院に通い、家では毎日インスリンを注射してきたんだ。未成年のうちは医療費の負担は月2500円が上限だったんだけど、先月20歳になってから初めて病院に行ったら、3万円も請求されたんだ。大人になったら制度が変わって、いきなり3割負担になるんだってさ。ひどい話だと思わない？

Y：それは大変そうだね。ところで1型糖尿病ってどんな病気なの？

X：血液中の糖分を細胞に取り込むのに必要なインスリンを作っている、膵臓の中のβ細胞が、何らかの理由によって損傷し、インスリンが体内で作られなくなってしまうという病気だよ。インスリンがないと高血糖になるんだけど、高血糖が続くと、合併症として脳・心臓・神経・眼などの病気が生じたり、人工透析が必要になるなど、命に関わる事態に至るおそれもあるんだ

Y：そうなんだ。それにしても2歳で発病だなんて、糖尿病ってそんなに早く発病するものなの？生活習慣病だと思っていたよ

X：生活習慣病だと言われているのは2型糖尿病だよ。1型糖尿病は、自己免疫疾患などが原因だと言われていて、乳幼児のうちに発症する人も多いんだ。今のところ根本的な治療法はなくて、注射やポンプで人工的にインスリンを補充するしかないんだ。僕も毎日4〜5回のインスリン注射が必須だよ

Y：そうすると毎月注射代がかかっちゃうんだね。注射さえサボらなければ体調は安定するのかしら？

X：いやいや、そうでもないんだ。1日に何回も血糖値をチェックして、食事の量に合わせてインスリンを注射するんだけど、それでも血糖値のコントロールは難しくて、よく低血糖になってしまうんだ。低血糖発作で何度も倒れ、入院を経験してきているよ。急激に低血糖になると、意識を失って昏睡状態になってしまうこともあるから、家族や周りの人には、様子がおかしい時にはすぐ糖分を摂らせ

てと伝えているよ。Ｙさんもお願いね

Ｙ：そうなんだ、私も気を付けておくね。ところで、インスリン注射が必要なのは分かったけど、どうして20歳の前後でそんなに自己負担額が変わったのかな？
　　難病の人のための法律があると聞いたことがあるけど、成人に対する医療費の助成はないの？

Ｘ：20歳までは、児童福祉法に基づく小児慢性特定疾患として、国から医療費の助成を受けられていたんだ。ところが成人については、児童福祉法ではなく難病法に基づいて国から医療費が助成されることになるんだけど、1型糖尿病は難病法による指定難病に入っていないんだよ。なので成人後は、健康な人と同じように、基本的に医療費の3割が自己負担になっちゃうらしいよ。今のところ、治らない病気だから、死ぬまで毎月3万円も払い続けられるか不安だなあ。まるで期限のない『生命のローン』だよね

Ｙ：難病法という、難病の人のための法律ができたのはいいけど、まだまだ問題が多いみたいだね

　以上のような難病法による医療費助成について、憲法上、どのように考えればいいだろうか。

考えてみよう憲法問題

1　「難病対策要綱」に基づく特定疾患制度

日本におけるこれまでの難病者施策は、法律ではなく、1972年に厚生省（当時）の作成した「難病対策要綱」に基づき行われてきた。

　このような難病者施策は、次の異なる2つの目的が混在する仕組みとなっていた。

　A　調査研究目的＝患者数の希少な疾患の患者に対し、医療費助成などによって受診を促進し、症例数を確保して治療方法の研究を進めること。

　B　生活支援目的＝患者の経済的負担を軽減して良質な療養環境を確保すること。

　この仕組みの下では、医療費助成を行う「特定疾患治療研究事業」の対象疾患（以下「特定疾患」という）となるかどうかにより、患者が医療費の助成を受けることができるかどうかが左右される。そして、特定疾患の対象となる疾患

の要件として、①患者数が一定数以下の希少な疾病であること、②発病の機構が明らかではないこと、③治療方法が未確立であること、④当該疾病にかかることにより長期にわたり療養を必要とすることとなるものであること、という4つの要件が求められてきた。

1型糖尿病は、①有病者数が不明であって「希少な疾病」であるとは認められないとして、特定疾患には該当していなかった。

2　難病法に基づく指定難病制度

特定疾患制度の法的根拠は「要綱」であった。要綱のままでは予算の確保に毎年苦慮する上、いつ終了するか分からない、という不安定な制度である。そこで、安定した制度として、対象となる疾病も拡大するため、2015年1月1日から難病法が施行された。

難病法制定前の特定疾患の数は56であったところ、2019年7月時点で指定難病の数は333まで拡大している。もっとも難病法においても、前述の調査研究目的と生活支援目的の2つの目的が混在している点は同じである。

そして、難病法においては、指定難病に該当するための要件として、従来の①から④の4つの要件に加えて、新たに⑤客観的な診断基準が確立していること、という要件が加えられている。

しかし、1型糖尿病は、①有病者数が不明で「希少な疾病」とは認められず、⑤「診断に関し客観的な指標による一定の基準が定まっている」とも言えないとして、指定難病から除外されている。

指定難病に該当しない疾病については、健康な人と同様、国民健康保険を利用することとなり、原則として医療費は3割が自己負担となる。

3　児童福祉法に基づく小児慢性特定疾病制度と「トランジション問題」

難病の子どもについては、児童福祉法に基づく小児慢性特定疾病制度により、医療費助成がなされてきた。

児童福祉法は、児童が適切に養育され、その生活を保障され、愛され、保護され、児童の心身の健やかな成長および発達ならびにその自立が図られること

を目的としている（児童福祉法1条参照）。小児慢性特定疾病制度は、難病の子どもについて公平かつ安定的な医療費制度を確立することによって、上記の児童福祉法の目的を達成するための制度である。

　難病法に基づく医療費助成制度と比較すると、小児慢性特定疾病制度では調査研究目的が後退し、児童の自立や生活保障を図る目的が前面に出ているのが特色である。その影響か、2019年7月時点における対象は704疾病であり、難病法に基づく医療費助成制度より多い。その結果、1型糖尿病をはじめ、20歳を越えると医療費助成の対象から外れる疾病があり、病状は変わらないのに医療費負担が突如増えてしまうという「トランジション問題」が生じている。

4　難病法に基づく医療費助成制度の憲法適合性の検討

(1)　難病の人が適切な医療を受ける権利

　難病の人にとって、継続的に適切な医療を受けることは人間らしい生活の前提条件であり、憲法25条1項によって保障される生存権の範囲内に含まれると言えよう。適切な医療を受ける権利は、単に治療費という金銭給付を受ける権利と理解するのではなく、その医療行為の内容、水準、インフォームドコンセント（＝医師による十分な説明及びそれを踏まえた患者による同意）も含む権利と理解すべきである。どこの病院でどのような治療を受けるのか、そのような医療行為が適切な費用負担のもとで受けられるのか、その時代において高度な水準の医療行為が受けられるのかといったことも、適切な医療を受ける権利の内実に含まれるであろう。

　医療費助成制度を法律化した難病法は、「難病の患者に対する良質かつ適切な医療の確保及び難病の患者の療養生活の質の維持向上を図り、もって国民保険の向上を図ること」を目的としている。このような難病法は、憲法25条1項で保障される適切な医療を受ける権利を具体化する立法と位置付けられる。

(2)　違憲判断の枠組み

　6章「地域で暮らす権利と介護保障」で述べたとおり、憲法25条の法的性格に関する抽象的権利説及び具体的権利説によれば、国会が25条の権利を実現するための立法を行った場合、25条は当該立法の解釈基準として機能することになり、立法が存在する限りでは、25条は具体的給付の内容をもある程度までコ

ントロールすることができる。また裁判所は、具体的に制定された法律の内容が25条に違反するという判断もなし得る。

　難病法は、憲法25条で保障される適切な医療を受ける権利を具体化させる立法であるから、その25条適合性が問題となる。本件事例との関係では、1型糖尿病を指定難病から外していることが、適切な医療を受ける権利を保障する憲法25条1項に違反しないか問題となる。

　次にいかなる基準で違憲性の審査を行うべきかであるが、個人に一定の医療水準を確保する手段は多種多様であり得る。どのような制度を構築するかに関し、国に広い立法裁量を認めるべきと考えれば、比較的緩やかな基準を用いるべきことになろう。他方、適切な医療を受ける権利は、難病の人にとって人間らしい生活の前提条件と言うべき必要不可欠な権利であることを重視すれば、より厳格な違憲審査基準を用いるべきことになろう。

　以下では、1型糖尿病が指定難病から外れている点について、①立法目的の正当性、及び②立法目的とそれを達成するための手段の合理的関連性という観点から、具体的に検討する。

5　具体的検討

(1)　目的の正当性

　(i)　難病法の目的　　難病法の目的は、A　調査研究目的＝患者数の希少な疾患の患者に対し、医療費助成などによって受診を促進し、症例数を確保して治療方法の研究を進めること。B　生活支援目的＝患者の経済的負担を軽減して良質な療養環境を確保すること。の2つである。

　(ii)　正当性を認める根拠　　これらの目的は、いずれも単独で見れば、難病の人が適切な医療を受けるために必要なことであり、また両立させることも可能であると考えれば、これら2つを法律の目的として掲げることは正当なことと言えよう。

　(iii)　正当性を認めることの問題性　　しかし、これら2つの異なる目的を1つの法律に混在させることに果たして問題はないであろうか。

　調査研究目的とは、①発病に至る原因が明らかではなく、②治療方法が確立しておらず、かつ、③患者数が少なく（＝希少性）、症例数も少ないため、自然

に任せていたのでは治療方法の調査、研究が進まないと考えられる疾病について、国が医療費助成などをすることによって患者の受診を促進し、症例数を確保して、治療方法の調査、研究を進めるということである。このような調査研究目的を強調すると、ある疾病にかかっている患者が生活上の支障を抱えていても、既に治療方法が確立していたり、患者数が多い場合には、医療費助成がなくても調査研究は進むので医療費助成は不要ということになろう。このように考えると、とりわけ患者数が多い疾病にかかっている患者の生活支援目的は後退することになる。

　一方、生活支援目的を強調すると、すでに治療方法が確立していたり、患者数が多い疾病でも、患者が生活上の支障を抱えているのであれば、国が医療費を助成して患者の生活を支援すべきということになるであろう。しかしこのように考えると、既に治療方法が確立している疾病や、患者数の多い疾病に多くの医療費助成がなされて、希少な疾病の治療方法の調査、研究が進まないことになりかねない。

　このように、調査研究目的と生活支援目的は相互に矛盾を抱えるものであり、2つの目的を1つの法律で両立させることには無理がある、と考えれば、難病法がこれら2つの目的を同時に掲げていることに正当性は認められないであろう。その場合、Aの調査研究目的と、Bの生活支援目的はそれぞれ別の法律によって達成すべき、と考えることになろう。

(2)　**手段の合理的関連性**

(i)　はじめに　　上記(1)イのように、目的は正当と考えた場合、それらの立法目的を達成するために、難病法が採用している手段が合理的かどうか検討することになる。

　難病法は、①希少性、②原因不明、③治療方法未確立、④長期の生活面の支障、⑤客観的な診断基準の確立、という5つの要件を設け、これらを満たす病名を限定列挙し、医療費助成の対象を限定している。

　このうち、1型糖尿病は②、③及び④の要件は満たしており、①及び⑤は満たしていないとされるので、以下では①及び⑤について検討する。

(ii)　①希少性について　　まず、①当該疾患が希少か否かは、医療費助成の必要性とは無関係の事情である。希少ではなく、患者数の多い疾患であって

も、継続的な医療が必要であることには変わりがない。

　したがって、Aの調査研究目的からは、①希少性を求めることに合理的関連性はあるということになろうが、Bの生活支援目的を重視すると、①希少性を要件とすることに合理的関連性は認めがたい。

　(iii)　⑤客観的な診断基準の確立について　　また、1型糖尿病が対象外とされているが、その根拠に「客観的な診断基準が確立しているとはいえない」ということが挙げられている。

　この点、客観的に当該疾患であると診断できないのであれば、医療費助成の対象とすべきか否かの判断も難しいとも思われ、このような要件を設けることは合理的とも思われる。

　しかし、診断基準が必ずしも確立していなくても、現に難病のため日常生活又は社会生活に支障が生じている者がおり、継続的な治療が必要かつ可能である場合、生活支援目的からは、医療費助成の必要はある。このように考えると、⑤客観的な診断基準の確立を要件とすることに合理的関連性は認めがたいであろう。

　この点をひとまず措き、仮に、⑤客観的な診断基準の確立という要件が必要であるとしても、国は1型糖尿病を、指定難病とほぼ同じ要件に基づいて、小児慢性特定疾病の対象としている。そうであれば1型糖尿病は、難病法による医療費助成の対象となるかどうかを判断できる程度には客観的な診断基準が確立しているとも考えられる。

　(iv)　結　論　　以上を踏まえると、難病法は治療方法の調査研究を主要な目的とし、それに必要な範囲で、副次的に希少な疾病について患者の生活支援を目的としていると考えれば、①希少性や⑤客観的な診断基準の確立を要件とすることに合理的関連性が認められよう。

　他方、難病法は難病の人が適切な医療を受ける権利を具体化する法律であり、患者の生活支援目的を重視すべきと考えれば、①希少性や⑤客観的な診断基準の確立を要件とすることと目的達成との間に合理的関連性は認めがたいであろう。

15 大人の言うことが聞けない子どもにとってよい学習環境とは？
◉発達障害と就学先の決定

できごと──ある日のA家の会話

　A夫婦の子Bくんは現在幼稚園に通っており、来年は小学校に入学する年齢である。彼は、幼稚園に週4日通っているが、週1日は療育センターで発達の療育も受けており、発達障害と軽度の知的障害があるとの診断も受けていた。

A夫：Bも来年小学校だよなあ。Bは小学校でやっていけるのかね。ちょっと頼りないけど。

A妻：それね。9月にあった市の就学相談会では、小学校の通常学級、小学校の特別支援学級、特別支援学校の3パターンがあると教えてもらったわ。

夫：なるほど。時代はインクルーシブだろ。でも通常学級というのは、多少サポートがあるとはいえ、障害のない他の子と全く一緒だろう。ちょっと不安があるね。本当は、一緒に通わせてみたいところではあるのだけど。

妻：それならば、特別支援学級か、特別支援学校ね。特別支援学校だったら就労に有利という話も、10月に説明会で特別支援学校の先生がしていたわ。

夫：おいおい、小学校に入る前から就労の話かよ。俺の就労だって不安なのに。

子B：来年は小学校に行くよ〜！お勉強がんばるよ〜！

夫：おうBそうだよな！勉強頑張るよな！ところでおとうちゃんのお仕事は、どうなるんでしょうねえ〜。

妻：あなたのお仕事はしっかりやってください。そうなると、小学校の特別支援学級ということになるけど、これが複雑で、情緒学級と知的学級に分かれているらしいの。

夫：ほう。その2つはどう違うのさ。

妻：情緒学級の方は、情緒に課題のある子、落ち着きがないとかの状況がある子で、知的には問題のない子に向けた学級よ。授業の進度は通常学級と同じよ。知的学級の方は、知的に課題のある子に向けた学級。授業の進度はその子に合わせて進められるわ。ただ、実際は、知的の子でも通常学級と同じ進度で授業することもあるという話を教育委員会の人はしていたわ。

夫：なるほど。Bはどっちかねえ。勉強頑張るって言っているし、すでに平仮名と

数字くらいは読めるし。授業の進度は同じにしてほしいよねえ。

妻：ただね、Ｂの知能検査なんかの結果からいくと、知的の方になってしまうらしいの。情緒と知的の振り分けは、基本的には知能検査の結果で決まるんだって。

夫：え？あの知能検査で？そもそもあいつ、いやがって検査できてない項目とかあったじゃないか。知り合いのカウンセラーさんも、あの検査は結果が低く出やすいって言ってたぞ。情緒で行きたいって、アピールしてみようよ。基本的に、就学先は親の希望が反映されるってことになってただろう？

妻：でもね、特別支援学級の中で、情緒と知的は知能検査の結果をもとに委員会の判定で決まるんだって。通常学級と特別支援学級で、でも希望は出せるらしいわよ。

夫：なんだよそりゃあ。授業の進度の違いって結構大きいと思うけどなあ。

考えてみよう憲法問題

1　障害のある子どもの教育を受ける権利・憲法上の議論

　冒頭にもあるとおり、子どもがどのような教育を受けるか、ということは親にとって大きな関心事である。竹中勲は、障害のある子どもが、どのタイプの公立学校教育を受けるかは、子どもの発達、義務教育修了後の社会での生き方、親子の親密な交わりのあり方、親の生き方にとって極めて重要な意味合いをもつ、と指摘している。憲法学的には、一般的に子どもの教育を受ける権利について、旭川学力テスト事件（判例⑰）で最高裁が説明した子どもの学習権という考え方が知られている。すなわち、憲法26条の「規定の背後には、国民各自が、……成長、発達し、自己の人格を完成、実現するために必要な学習をする固有の権利を有すること、特に、……子どもは、その学習要求を充足するための教育を自己に施すことを大人一般に対して要求する権利を有する」とするものである。この判決では、憲法23条による学問の自由を根拠に、教師の教育の自由を一定の範囲において肯定し、親の教育の自由も場面を例示して肯定した。一方で国家についても、「必要かつ相当と認められる範囲において」教育を決定する権能を有するとしている。そして、26条、13条を根拠に、子どもが自由かつ独立の人格として成長することを妨げるような国家的介入は許されないと、国家の介入に歯止めもかけていると考えられている。

憲法26条はすべての国民について「その能力に応じて、ひとしく教育を受ける権利を有する」とし、さらに2項で義務教育は無償と定めている。これは当然障害のある子どもにも当てはまるものである。

　学校・学級の選択をめぐってはこれまで裁判なども提起されていたり、様々な議論があったりした。選択に関して、教育委員会や公立学校長等、公権力の決定は手続も含めて慎重さが求められる一方で、通常学校では十分な教育を受けられない子どもが、特別な学校・学級での教育を求める権利も、憲法26条にいう教育を受ける権利の内容として考えられる、との指摘がある。

　また、憲法13条を根拠に、教育を受ける権利のような社会権を実現する場においては、個人の自由権・自己決定権に「最大の尊重」を払わなければならないという竹中勲の議論が注目される。すなわち学校選択のように行政に裁量があるとされる場面で、行政がその裁量権を行使するに当たっては「憲法上の自由権・自己決定権の保障する権利利益［の内実］」を、「要考慮事項＝考慮しなければならない事項」として位置付けなければならないとの法的な義務を負っており、その要考慮事項の重みとして最大の尊重を払わなければならないとするものである。そして、13条を根拠に、学校選択の場において、子どもが自己の人生を作り上げようと模索し、親が子どもとともに懸命かつ真摯にその生き方を模索しようとする場合、行政権等はその自己人生希求の営みに最大の尊重を払わなければならないとの法的義務を負うと説明する。さらに、憲法26条に基づく憲法上の義務を義務教育の課程で履行するに当たって3点を挙げる。①子どもの自立・自律・自己人生創造希求を確保するために、その子どもの障害のニーズに対応した教育方法という選択肢を用意する。②義務教育課程終了後に社会に出た場合の自立・自律・自己人生創造希求の営みを十全にするために、障害のある子どもとない子どもとの日常的交わりを保障する教育方法という選択肢を用意するよう法的に義務付けられる。③公権力は、義務教育課程においてその子どもが人生創造希求の営みを続けていくことが可能とするような教育環境を用意する。すなわち自己が何か劣った存在といった烙印が押されることにより、自尊を害されることがないような、教育環境を保障する教育方法という選択肢を用意するように法的に義務付けられている。③については後述する「インクルーシブ」でない教育は、こういったマイナス効果を伴いがちである

点に細心の注意が払われなければならないとする。そして26条1項にいう「能力に応じて、ひとしく」の意味も①②③を包摂するものとして解釈される必要があるとする。

　また、障害のある子どもと学校選択の問題についての憲法学説については、通常学級と特別支援学校・学級が分離された状態であることを、かつて人種によって分離された学校に通うことになっていたことに関するアメリカ憲法の議論と同様に、障害がある子どもについても「分離された教育施設は本来的に不平等である」とすべきであるとし、例外的に分離教育がなされる場合には、公権力の側がその必要性を立証すべきであるとする説がある。憲法14条、26条1項に示される平等権に基づくアプローチである。

　障害のある子どもの教育については、教育基本法4条2項において「国及び地方公共団体は、障害のある者が、その障害の状態に応じ、十分な教育を受けられるよう、教育上必要な支援を講じなければならない」と規定している。これは2006年に改正された部分で、1947年教育基本法においては、「すべて国民は」との表現はあるものの、障害のある人についての言及はなかったため、1つの進歩と評価することができる。

2　障害者権利条約とインクルーシブ教育

　日本は2014年に障害者権利条約を批准した。条約では、3条(c)で障害のある人の「社会への完全かつ効果的な参加及び包容」を定める。

　そして、障害者権利条約が求める概念として、「インクルーシブ」というものが注目を集めている。インクルーシブ教育とは1994年サラマンカ宣言において「止むにやまれぬ理由がない限り通常学校にすべての子どもを在籍させる」という教育であると説明される。障害者権利条約では、障害に対する「合理的配慮」を怠った場合は差別とされるという点が注目されるが、教育の場面においては、合理的配慮が求められる他、教育に関する権利として「機会の均等を基礎として実現するため、障害者を包容する（inclusive）あらゆる段階の教育制度及び生涯学習を確保する」としている。その上で、①人間の潜在能力や尊厳、自己の価値についての意識を十分に発達させること②人権、基本的自由や人間の多様性の尊重を強化すること③人格、才能や創造力、精神的・身体的な

能力を可能な最大限度まで発達させること④障害者が自由な社会に効果的に参加することを可能とすること、を教育制度、生涯学習の目的としている。そして、それを実現するために①障害者が、他者と平等に、自分の生活する地域社会において、障害者を包容し、質が高く無償の初等・中等教育を受けることができること②効果的な教育のために必要な支援を、一般的な教育制度の下で受けること③学問的、社会的な発達を最大にする環境において、完全な包容という目標に合致する、効果的で個別化された支援がなされること、などが確保されることとされている。

　さらに国連障害者権利委員会によって2016年に出された「インクルーシブ教育を受ける権利に関する一般的意見第４号」では、インクルーシブ教育について「すべての学習者の基本的人権」と位置付け、すべての生徒の固有の尊厳と自律を尊重した上で、効果的に社会に参加し、貢献する能力を認めることを原則とする。そしてインクルーシブ教育を、障害のある人が貧困から脱し、地域社会に完全に参加する手段を得、搾取から保護されることを可能にするために主要な手段、またインクルーシブな社会を実現するために主要な手段であるとする。その上で、インクルーシブ教育を、すべての生徒に配慮し、効果的にインクルージョンするために通常学校の文化、方針および実践を変革することを伴うものであるとしている。

　そして、分離教育との違いとして、分離は、障害のある生徒の教育が、機能障害に対応するために設計されたり使用されたりする別の環境で、障害のない生徒から切り離されて行われるときに発生するとし、一方、統合（integration）は、障害のある人について、すでにある主流の教育機関の標準的に求められる条件に適合できるという理解の下に、彼らをそのような教育機関に配置するプロセスであるとする。その上で、インクルージョンには、すべての生徒に、公正な参加型の学習体験と、ニーズなどに最適な環境を提供することを目指した、障壁を克服するために教育内容、指導方法、アプローチ、組織体制などを変更、修正することを具体化した制度改革のプロセスが含まれるとする。一方で、組織、カリキュラムおよび指導・学習方略などの変更を伴わずに障害のある生徒を通常学級に配置することは、インクルージョンにはならないとしている。

3　障害のある子どもと学校・学級選択

　障害のある子どもの教育については、学校・学級選択の場面で大きな判断が求められる。通常学級に入学する場合や、特別支援学校に通う場合、小学校などの特別支援学級に通う場合、通級による指導などが行われる場合などがある。本稿では、「できごと」の例のように小学校の特別支援学級に通う場合について考えてみたい。

(1)　特別支援学級についての規定の少なさ

　特別支援学校については、学校教育法71条以下で規定がなされ、さらに、学校教育法施行令、学校教育法施行規則などでも規定が設けられている一方で、冒頭の会話で話題になっていた特別支援学級ついては、法令上定める規定はさほど多くない。同法81条2項では、「小学校、中学校、義務教育学校、高等学校及び中等教育学校には、次の各号のいずれかに該当する児童及び生徒のために、特別支援学級を置くことができる」とし、その対象者として、知的障害者、肢体不自由者、身体虚弱者、弱視者、難聴者、その他障害のある者で、特別支援学級において教育を行うことが適当な者、を挙げる。そして3項で「疾病により療養中の児童及び生徒に対して、特別支援学級を設け、又は教員を派遣して、教育を行うことができる」と定め、学校教育法施行規則で、教育課程や教科書の使用を通常の学級と異なるものとすることができることを定める他、「公立義務教育諸学校の学級編制及び教職員定数の標準に関する法律」において、特別支援学級における学級編制および教職員定数を定めるなどがある程度である。小学校学習指導要領においても、総則の中に「児童の発達の支援」として、教育課程について数行記載がある程度である。このように規定が少ないなか、特別支援学級の運営方針は、各地方自治体に委ねられているわけである。

(2)　障害のある子どもの就学先決定プロセス

　就学先決定については、学校教育法施行令に規定がある。施行令5条では「市町村の教育委員会は、就学予定者のうち、認定特別支援学校就学者（視覚障害者、聴覚障害者、知的障害者、肢体不自由者又は病弱者（身体虚弱者を含む。）で、その障害が、第22条の3の表に規定する程度のもの（以下「視覚障害者等」という。）のうち、当該市町村の教育委員会が、その者の障害の状態、その者の教育上必要な支援の内容、地域における教育の体制の整備の状況その他の事情を勘案して、その住所の存

する都道府県の設置する特別支援学校に就学させることが適当であると認める者をいう。以下同じ。）以外の者について、その保護者に対し、翌学年の初めから２月前までに、小学校、中学校または義務教育学校の入学期日を通知しなければならない。（下線は筆者による）」と定め、障害がある子どもについて原則として小中学校に入学するものとし、下線部にあるような条件の下、特別支援学校に入学することが適当と認められ認定特別支援学校就学者となった子どもが、例外的に特別支援学校に入学するという規定になっている。この規定については、2013年の施行令改正に伴って変化した部分である。それ以前は、就学基準に該当する障害のある子どもは、原則として特別支援学校に就学するということになっており、市町村の教育委員会が特別な事情があると認めた子どもを、認定就学者として小学校、または中学校に入学できるようにするという制度を採っていた。しかしこの制度は、障害者権利条約の理念にも反するものであり、中央教育審議会初等中等教育分科会による報告なども経て、施行令が改正されたという経緯がある。

　就学先決定時には保護者から意見を聴取することが定められている。保護者の意見聴取は、日常生活上の状況等をよく把握している保護者の意見を聴取することにより、子どもの教育的ニーズを的確に把握するためとされる。また、就学先決定時には、教育学、医学、心理学などの専門家からも意見を聴取することになっている。これらは保護者については2007年、専門家については2002年に改正された部分で、障害の重度・重複化や多様化などに伴い、１人ひとりの教育的ニーズに応じた適切な教育の実施や、学校と福祉、医療、労働などの関係機関との連携がこれまで以上に求められるという状況から、個々のニーズに柔軟に対応し、適切な指導や支援を行うために改正がなされたとされる。

　さらに2013年に出された文部科学省による通達では、就学先決定について2012年中央教育審議会報告を引用し、「その際、市町村教育委員会が、本人・保護者に対し十分情報提供をしつつ、本人・保護者の意見を最大限尊重し、本人・保護者と市町村教育委員会、学校等が教育的ニーズと必要な支援について合意形成を行うことを原則とし、最終的には市町村教育委員会が決定することが適当である（下線は筆者による）」との指摘あったことを紹介し、その上で、この点を改正令における基本的な前提として位置付けるとしている。

以上をまとめると、障害のある子どもの学校・学級選択については、学校教育法施行令により、原則として小中学校に入学するものとし、特別支援学校に入学することが適当と認められた子どもが例外的に特別支援学校に入学するとされ、その上で実際上は、文科省による通達に基づき、本人・保護者の意見を最大限尊重しつつも、最終的には市町村教育委員会が決定するということになっている。ただし、教育委員会等の公権力は、本人・保護者からの意見聴取や、情報提供をするに当たっては、憲法13条の内包される「適正な手続的処遇を受ける権利」を充足する事前手続要件を充足するようなものを提供しなければならないとされている。

4　障害のある子どもと学校教育の現状

　2017年度現在で、特別支援学校在籍者は小学部４万1,107人、中学部３万695人、特別支援学級在籍者が小学校16万7,269人、中学校６万8,218人となっている。10年前の2007年度の特別支援学校在籍者は小学部３万3,411人、中学部２万4,874人、特別支援学級在籍者が小学校７万8,856人、中学校３万4,521人となっており、2017年度と2007年度を比較した場合2017年度は、特別支援学校、特別支援学級在籍者はそれぞれ大幅に増えているという現状がある。少子化が進む中、そして法改正がなされる中、逆行するように特別支援学校・学級在籍者が増加している状況を表して、「より早期からの多様な分離が進む」という表現もなされている。

　特別支援学級については、各自治体により方針が異なり、「インクルーシブ」という点においても、温度差があると言われる。一方で、自治体によっては、小学校において特別支援学級に在籍していても、普段は通常の学級で授業を受け、国語や算数の時間だけは特別支援教室で子どもの発達に合わせた特別な授業を受けるといった形で学習をするといった方法を取るものもある。冒頭の部分で、情緒学級と知的学級に分かれているという会話があったが、この学級の分け方も各自治体によって異なり、実際は子どもの様子を見、親ともコミュニケーションをとりながら、知的学級であっても通常学級と同じ進度で教育をするといった手法を取る場合もあるようである。このような手法は「インクルーシブ」という点、また、実際の教育を受けている側からは評価されるものでは

あろう。しかし実際は、自治体の方針、また、各教員の知識、理解などに左右されるものであり、権利の保障としては十分なものと言えるものではないだろう。

問いかけとして

　障害のある子どもの教育について、現状は憲法上の権利が十分に尊重されていると言えるだろうか。教育内容の決定についてはどうだろうか。親のかかわり方や、市町村など公権力のかかわり方は？「できごと」のような場合に、どんな問題点が指摘できるだろうか。「インクルーシブ」という面ではどのように考えることができるだろうか。

第 3 部

参政権と統治の基本的枠組み

16 投票したい「人」と「政党」が違っていたらどうなるのだろうか？
◉参議院非拘束名簿式比例代表選挙の合憲性

できごと

20○○年○○月○日施行の参議院議員通常選挙では非拘束名簿式比例代表制も導入された。この非拘束名簿式比例代表制度について、Aは平和党の参議院名簿登載者であるBには投票したいが、Bの所属する平和党の他の候補者には投票したくないという真意があった。そこで、Aは参議院名簿登載者個人に対する投票をその者の所属する参議院名簿届出政党に対する投票と評価する点において、同制度が選挙人の投票意思を反映するものではなく憲法15条に違反すると主張するとともに、この非拘束名簿式比例代表制の下では、超過得票に相当する票は、自身が投票した平和党の参議院名簿登載者以外の名簿登載者に投票した選挙人の投票意思を実現するために用いられることになるから直接選挙とは言えず、憲法43条1項にも違反すると主張し、選挙の無効を求め、訴えを提起した。

本件において、裁判官は、どのような判断を下すべきであろうか。

考えてみよう憲法問題

1 直接民主制と間接民主制

フランス革命の前後においては、市民革命が実現し、絶対君主を倒すことができれば、国民が主権者である民主主義を実現でき、さらに、国民自らが統治者となれば、国民の自由が保障されるはずであると主張された。つまり、国民が統治者であると同時に被統治者であるという政治の仕組みを作り出せば、国民の自由が保障されると考えられたのである。このような主張は、すべての国民が直接国家意思を決定する作用に参画するという直接民主制を支持する急進主義者によってなされた。他方で、イギリスでは、議会を中心に議会と国民とが協力して、長期に渡り絶対君主に抵抗することで自由を回復させていった。

すなわち、イギリスでは、議会を通じた間接民主制に依拠しながら国民の願望が少しずつ実現されていったのである。

　Ｊ・Ｓ・ミルが、「統治体制へ国民全員が直接に参加することは不可能であるから、完全な統治体制の理想形は、代表制でなければならない」と説いているように、近代国家では、本来であれば直接民主制が望ましいが、その実現性の観点から国民の代表者が議会を構成して政治の方針を決定する間接民主制が支持された。そして、ほとんどの近代国家において、権力分立制の下、選挙によって選出された議員で構成される議会を中心に国政を行うべきであると考えられるようになった。その後、資本主義の発展に起因する極度の経済的格差といった社会問題が顕在化したことを背景に政治の民主化の要求が次第に高まったことで、近代国家においては、選挙権の拡大が求められるようになり、その結果、普通選挙制度が成立した。そして、この普通選挙制度が成立したことで、議会には民意を忠実に代弁し、国政に反映させることが求められるようになった。

　その後、民主制をめぐる理論は、さらに進展し、代表制を維持しながら国政に関わる重要な事項については、国民自らがその方向性を決定するという制度が成立するに至った。すなわち、国民は、自らの選挙権を行使するだけではなく、たとえ議会の意思とは異なるものであっても、国民発案（イニシアチブ）や国民表決（レファレンダム）などを通じて、自らの意思を公式に表明できるようになったのである。このような民主制は、「半直接民主制」と呼ばれる。この「半直接民主制」の例として、憲法改正における国民投票や地方自治特別法の制定についての住民投票などが挙げられる。たとえば、憲法96条1項は、「この憲法の改正は、各議院の総議員の3分の2以上の賛成で、国会が、これを発議し、国民に提案してその承認を経なければならない。この承認には、特別の国民投票又は国会の定める選挙の際行はれる投票において、その過半数の賛成を必要とする」と規定している。また、憲法ではなく、通常の法律レベルの事柄についても国民発案や国民表決の制度を設けている国も少なくない。

2　選挙と政党

　有権者である国民が選挙を通じて国家意思形成に参画するプロセスにおいて、政党は重要な役割を果たしており、政党を抜きにした議会制民主主義とい

うものはありえない。他方で、近代議会制度が誕生した時代、政党は、民意を分断する存在として敵視されていた。その後、結社の自由を背景に多くの政党が結成されるようになったが、法制度上、政党は無視された存在であった。ところが、政治プロセスの中で政党の役割が次第に重要となるにしたがい政党に依拠した選挙制度が導入されるに至った。

　憲法の中に政党について直接的に言及する規定は見当たらないため、かつては議院の国民代表的性格を重視し、政党に対して消極的な評価を下す学説もあった。しかし、1970年の八幡製鉄事件（判例⑨）において、最高裁が「憲法は政党について規定するところがなく、これに特別の地位を与えてはいないのであるが、憲法の定める議会制民主主義は政党を無視しては到底その円滑な運用を期待することはできないのであるから、憲法は、政党の存在を当然に予定しているものというべきであり、政党は議会制民主主義を支える不可欠の要素なのである」と判示しているように、現在では、議会制民主主義を支えるのに不可欠な存在として、政党は積極的に評価されている。

　このような政党の憲法上の根拠は、憲法21条の結社の自由に求めることができ、政党の結成・不結成の自由、政党への加入・不加入の自由、党員資格継続・党員からの脱退の自由、政党の自治的活動の自由が、憲法上、保障されていると理解することができる。また、政党は、自らが掲げる政策を国民に訴えるとともに、政策に関する国民の意思を代弁し、統治システムを支配・維持することで、政策の実現を目指す存在という点で、他に類を見ない公共的性格を有する存在であると言える。

　このような公共的性格を有する政党の地位を保障するとともに、その地位にふさわしい政党の活動を促進するために必要な助成あるいは規制措置を講ずるべきであるとされるが、政党をめぐる自由と政党に対する規制を調和させることは容易ではない。そこで、日本においては、必要に応じて個別的な立法措置が講じられ、政治資金規正法・公職選挙法・政党助成法・法人格付与法といった法律が制定された。

　また、このような立法措置を講じるに当たっては、政党の定義が問題となる。政党とは、抽象的には「一定の政策を掲げ、それに対する国民の支持を背景に、政府機構の支配の獲得・維持を通じてその実現を図ろうとする、自主的・恒常

的な政治組織団体」と定義される存在であるが、具体的な政党の定義は立法との関係で決定されることになろう。たとえば、政治資金規正法3条は、「政治上の主義若しくは施策を推進し、支持し、又はこれに反対すること」などを目的とする「政治団体」で、かつ、5名以上の国会議員を有するか、あるいはその可能性のあるものを政党と定義している。さらに、政党助成法2条1項は、政治資金規正法で定義される「政治団体」のうち、（A）当該政治団体に所属する国会議員5名以上を有するもの、（B）（A）の政治団体に所属しない国会議員を有するもので、直近の選挙で有効得票総数の2％以上を得たものを政党と呼び、さらに、同3条は、政党交付金の交付を受けるには、「政党交付金の交付を受ける政党等に対する法人格の付与に関する法律」の規定に基づく法人となっていることを求めている。

　ところで、憲法には議員の国民代表性に関する43条1項や議員の免責特権に関する51条などが存在することにも注意する必要がある。憲法43条1項が、「両議院は、全国民を代表する選挙された議員でこれを組織する」と規定していることから、議員が所属する政党の方針に反したことなどを理由に党を除名されたような場合、それを理由に議員の身分を喪失させることは許されない。さらに、議員は、国民の代表者であることから、当選後の去就に一定の規律が生じるのは当然と言える。たとえば、国会法109条の2は、特に比例代表選挙により議員となった者について、議員となった日以後、その選挙における他の名簿届出政党等に所属することになった場合は、その日をもって退職者となると規定している。よって、この場合以外の党籍離脱については、議員の身分喪失に結びつかない。また、憲法51条は、「両議院の議員は、議院で行った演説、討論又は表決について、院外で責任を問われない」と規定している。

3　選挙制度の基本原則

　近代における選挙は、選挙の自由と公平性を維持しつつ民意を反映した代表者を先取するため、普通選挙・平等選挙・自由選挙・秘密選挙・直接選挙という基本原則を採用してきた。このうち、普通選挙および平等選挙が特に重要であるとされる。

　普通選挙とは、すべての国民に等しく選挙権が与えられた上で実施される選

挙のことを言う。それに対して、性別や納税額に基づき選挙人資格に制限が加えられる選挙を制限選挙という。かつて、日本では制限選挙が行われていたが、1925年の選挙法改正で納税要件が撤廃され、満25歳以上の男性に選挙権が与えられた。その後、1945年の衆議院議員選挙法改正により、選挙権は満20歳以上、被選挙権は満25歳以上に引き下げられるとともに、女性にも選挙権が与えられた。そして、1946年に公布され、翌47年に施行された日本国憲法は、15条3項において、「公務員の選挙については、成年者による普通選挙を保障する」と規定し、さらに、44条但書において、「人種、信条、性別、社会的身分、門地、教育、財産又は収入によって差別してはならない」と定め、普通選挙を保障した。また、憲法改正国民投票法が、憲法改正における国民投票の対象年齢を「満十八年以上の者」としていることを受け、2015年6月17日、選挙権年齢を満18歳以上に引き下げることなどを内容とする「公職選挙法等の一部を改正する法律」が成立した。選挙権年齢の引下げが行われたのは、1945年に20歳以上に引き下げられて以来70年ぶりである。

　また、平等選挙とは、「一人一票の原則」を意味し、憲法14条および44条但書により、この「一人一票の原則」が保障されていることに疑いの余地はない。この「一人一票の原則」については、今日、議員定数不均衡が重大な問題となっている。

4　選挙区と代表法について

　通常、選挙においては、全国を選挙区と呼ばれる幾つかに区域に区分した上で、それぞれの区域の有権者に一定数の議員を選出させる方法が採用される。そして、1つの区域につき、1名の議員を選出させる場合を小選挙区、2名以上の議員を選出させる場合を大選挙区という。衆議院選挙においては、かつては大選挙区が採用されていたが、1994年、新たな選挙制度として小選挙区比例代表並立制が採用された。

　小選挙区制は、選挙区の多数派が支持する候補者が当選を独占する多数代表法の典型である。この小選挙区制は、いわゆる死票が多くなるという問題があるが、二大政党制をもたらすとされる。他方で、選挙区の少数派が支持する候補者にも当選の可能性を与えようとする少数代表法の典型として、大選挙区単

記非移譲式投票制が挙げられる。この大選挙区単記非移譲式投票制では、個々の有権者が1人の候補者を選んで投票し、得票の多い順に所定の人数が当選者となるが、多数派あるいは少数派が不当に多くの当選者を出すという問題があるとされる。

　また、多数派と少数派が支持する各政党の得票率に比例して議席配分する比例代表法がある。この比例代表法は、すべての有権者の票が各政党にまとめられるため死票が出にくく、有権者の意思を正確に反映するという点で優れているとされるが、他方で、この比例代表法の下では、小党が代表者を議会に送ることができるため、多数の政党の乱立が生じ、その結果、政局が不安定になりやすいとされる。

5　非拘束名簿式比例代表選挙の合憲性について

　比例代表選挙には、拘束名簿式と非拘束名簿式とがある。拘束名簿式においては、有権者は政党名で投票し、各政党の議席数は、その得票数に応じて配分され、あらかじめ各政党が当選順位をつけ提出している候補者名簿の上位から当選者が決定されていく。他方で、名簿上、候補者の当選順位があらかじめ決められていない非拘束名簿式において、有権者は各政党あるいは名簿に登載されている候補者個人名のいずれかに投票する。そして、政党名票と候補者個人名票を足した票数が、その政党の得票数となり、各政党の議席数は、政党名票と候補者個人名票の得票数の合計に応じて配分され、当選者は候補者個人名票の得票数の多い順に決定される。なお、この非拘束名簿式において、候補者個人名票の大量得票者がいた場合、その者の所属する政党の得票数が多くなるため、その結果として、同じ政党の候補者個人名票の獲得数が少ない候補者も当選することになる。つまり、当選者の個人名票の余剰分が他の候補者の当選枠を確保するための票として、実質的に利用されるのである。

　後者の非拘束名簿式については、①名簿登載者個人には投票したいが、その所属政党には投票したくないという有権者の投票も当該政党の得票と計算されることから、有権者の投票意思に反するという点で憲法15条が保障する選挙権を侵害するのではないか、②候補者が当選に必要な得票数以上の票を獲得した場合、その超過した得票は同一名簿上の他の候補者のために流用されることに

なるから、憲法43条１項の直接選挙の原則に違反するのではないか、というような点が問題となる。参議院非拘束名簿式比例代表制の合憲性が問題となった2004年の判決（判例㉙）において、最高裁は、①の点について、「国会が、参議院議員の選挙制度の仕組みを決定するに当たり、政党の……国政上の重要な役割にかんがみて、政党を媒体として国民の政治意思を国政に反映させる名簿式比例代表制を採用することは、その裁量の範囲に属することが明らかであるといわなければなら」ず、さらに、「名簿式比例代表制は、政党の選択という意味を持たない投票を認めない制度であるから、本件非拘束名簿式比例代表制の下において、参議院名簿登載者個人には投票したいが、その者の所属する参議院名簿届出政党等には投票したくないという投票意思が認められないことをもって、国民の選挙権を侵害し、憲法15条に違反するものとまでいうことはできない」と判示した。また、②の点について、最高裁は、「投票の結果すなわち選挙人の総意により当選人が決定される点において、選挙人が候補者個人を直接選択して投票する方式と異なるところはな」く、「当選人の決定に選挙人以外の者の意思が介在するものではないから、上記の点をもって本件非拘束名簿式比例代表制による比例代表選挙が直接選挙に当たらないということはできず、憲法43条１項に違反するとはいえない」と判示した。

6　選挙制度の問題についてもう少し考えてみよう

　2019年に行われた参議院議員選挙では、「特定枠」に基づく選挙が実施された。この「特定枠」とは、政党が候補者名簿の中に特定の枠を設け、その枠に入っている候補者だけは、党内の競争の枠外とし、優先的に当選させる仕組みである。非拘束名簿式に、廃止されたはずの拘束名簿式を一部交ぜたような制度で、2018年７月に成立した改正公職選挙法で導入が決まったが、この「特定枠」は、有権者の投票意思に反するという点で憲法15条が保障する選挙権を侵害するのではないかという指摘や憲法43条１項の直接選挙の原則に違反するのではないかというような批判がある。

　ところで、この「特定枠」が導入された背景には「一票の格差」の問題があるとされる。従来の参議院議員選挙では、各都道府県を１つの選挙区とし、各県から最低１人は当選者が出るような仕組みが採用されていた。しかし、参議

院議員選挙における「一票の格差」が問題となった2012年の判決において、最高裁が議員定数不均衡を是正するため、「単に一部の選挙区の定数を増減するにとどまらず、都道府県を単位として各選挙区の定数を設定する現行の方式をしかるべき形で改めるなど、現行の選挙制度の仕組み自体の見直しを内容とする立法的措置を講じ、できるだけ速やかに違憲の問題が生ずる……不平等状態を解消する必要がある」と判示し、国会に対し、違憲状態を是正するための取組みを一層強く求めた。この最高裁判決の後、各2名の定数が設けられていた島根県・鳥取県・徳島県・高知県の4県を「島根県と鳥取県」および「徳島県と高知県」の二選挙区とする合区にし、それぞれの定数を2名とするほか、3県で定数を6減、5県で定数を10増して10増10減とする「公職選挙法の一部を改正する法律」（平成27年法律第60号）が2015年に成立し、2016年の参議院議員選挙から、この新たな改正内容で選挙が実施されることになった。その後、2018年、「公職選挙法の一部を改正する法律」（平成30年法律第75号）が成立し、参議院比例代表選挙につき、国政上有為な人材あるいは政党がその役割を果たす上で必要な人材が当選しやすくなるようにすることを目的に「特定枠」が導入されたが、この「特定枠」については、合区であぶれた議員を救済する狙いがあるという指摘がある。

17 教育者が投票運動に関わってはいけないのだろうか？
◉憲法改正と国民投票運動制限

できごと

※この事例はフィクションであり、過去および現在の実在人物・団体などにはいっさい関係ありません。

　20ＸＸ年、国会では憲法改正の発議がなされ、衆参両院の議会でも３分の２の多数で憲法改正案が可決された。次は国民投票というタイミングである。ところでＢ大学に所属するＯ准教授は憲法学を専門とする大学の教員である。当然憲法にはそれなりの思い入れがあるが、今回の憲法改正案については、賛成することができないと考えている。授業で憲法を扱っているので、憲法の話をしないわけにはいかないが、教育者がその地位を利用した国民投票運動をすることができないとされていることから、その対応に苦慮している。

　以下は深夜11時過ぎに SNS の通話機能を使って大学院の後輩であるＦ大学のＨ准教授に愚痴っている会話である。

Ｏ：憲法改正なあ、あれやりにくくてしょうがないんだけど。

Ｈ：そうっすねえ。僕は、徹底的にその話題を避けてますけどね。

Ｏ：Ｈ君はそういうスタンスだもんなあ。

Ｈ：危ない橋はわたらないタイプです。

Ｏ：しかしねえ、オレは憲法学者として今回のは反対しないわけにもいかないと思うんだよ。

Ｈ：Ｏさんはそういうスタンスですもんね。でもうかつなことをすると違反になりますよ。

Ｏ：それは怖い。でも、それが怖くて研究者やってられるかってのもある。

Ｈ：違反覚悟と。漢らしい。通報しますた。

Ｏ：やめてくれ。

Ｈ：冗談ですよ。憲法学者、思いがあるのは一緒でしょうけどね。

Ｏ：それにしてもテレビの広告すごいね。

Ｈ：15日前までなら自由ですからね。結構改正賛成側が一方的に多い感じもありますが。

O：この広告、投票結果に影響あるのかね。

H：どうでしょうね。まあ広告出す方は影響あると思っているんでしょうけど。

O：そりゃそうだよな。まあ、そもそもオレはテレビそんなに見てないんだけどな。問題はネットの動画サイトだ。あれ見てて広告出てくるのなんとかならないかな。

H：しょっちゅう見ますよね。A総理が出てくるやつ。

O：それよ。オレが見たいローカルアイドルのミュージックビデオの前にあれが出てくると、げんなりするんだよね。

H：ローカルアイドル www。通報します。

O：ローカルアイドルでも、いい歌うたってるので問題ない。問題は動画の広告よ。

H：表現の自由ですから。しかも国民投票の前という重要な時期ですから、その重要性はより増しているわけですよ。

O：さすが表現の自由専門。それにしたってX総理すごい頻度で出てくるぞ。費用いくらかかってんだあれ。

H：国民一人ひとりが萎縮することなく自由に国民投票運動を行い、自由闊達な意見を闘わせることが必要であるとの考えから、原則的に自由であります！

O：教科書的な説明だな。うるせぇ、投票箱ぶつけんぞ！

H：通報しますた。

考えてみよう憲法問題

1 憲法改正の手順

　近年憲法改正が話題になる機会が多くなってきている。日本国憲法は1946年に公布されて以来いまだ改正されたことがなく、現在の状況に合わせたものにした方がよいとする声がある一方で、現行憲法を改正する必要はないという声も根強いものがある。憲法改正については、通常の法律と比較して、非常に高いハードルが課せられていることも特徴の1つである。いわゆる硬性憲法である。憲法改正については、憲法96条において、まず国会が衆議院参議院それぞれ3分の2以上の賛成をもって憲法改正を発議し、そして国民に提案する。それから国民投票が行われ、そこで過半数の賛成をもって承認された場合に、天皇が公布することで改正すると規定されている。

しかし、それ以上のことは、比較的近年まで規定されておらず2007年に「日本国憲法の改正手続に関する法律（以下、憲法改正国民投票法）」が成立することで、その手続が規定された。また、2007年には国会法も改正され、議員が憲法改正「原案」を発議するには、衆議院においては議員100人以上、参議院においては議員50人以上の賛成を要すること（68条の2）、憲法改正原案は内容の関連する事項ごとに区分して発議することが定められている（68条の3）。そして衆参両院に憲法審査会が設置されている（国会法102条の6）。

　憲法改正国民投票法では、国民投票は、国会の発議後60日から180日以内で国会の議決した期日に行うことが定められている（2条）。本稿のテーマである国民投票運動も、主としてこの期間に行われると考えられるが、そもそもこの期間は短すぎ、2年くらいの考慮期間が必要だとの意見もある。国民投票の投票権は年齢満18歳以上の日本国民が有することとされる（3条）。また、投票方法については、憲法改正案が内容の関連する事項に分けて提案され、それぞれの改正案について賛否の票を投じることになっている（47条）。賛成するときは賛成の文字を、反対するときは反対の文字を○で囲む方式である（57条）。そして、国民投票における投票総数（賛成の投票数と反対の投票数を合計した数）の2分の1以上が憲法改正に賛成ならば、憲法改正が国民に承認され（98条2項）憲法が改正されることになる。この投票総数の2分の1という規定についても、憲法改正の国民投票という重要性を考慮すれば最低投票率を設けるべきだという議論もあるが、現状そのような規定にはなっていない。

2　国民投票広報協議会と国民投票運動規制

　衆参両院で憲法改正が発議され、60日以上180日以内に国民投票の期日が決定すると国民投票運動が始まることになる。この国民投票運動は、政府広報の説明によれば、「憲法改正案に対し、賛成又は反対の投票をするよう、又はしないよう勧誘することを『国民投票運動』といいます。政党やその他の団体、マスコミ、個人などが、一定のルールのもとに『国民投票運動』を行うことができます」というものである。しかし国民投票広報協議会が設置され、広報、周知が行われる一方、この運動については、様々な制限が課せられている。

(1) 国民投票広報協議会

憲法改正についての広報、周知をするための組織として、「国民投票広報協議会（以下、協議会）」が設置される（国会法102条の11、12、憲法改正国民投票法11条以下）。これは、憲法改正案の内容を国民に知ってもらうため、各議院の議員から委員を10人ずつ選任し、国民投票広報協議会が設置されるものである。国民投票運動を制限する一方で、協議会による憲法改正案の内容や賛成・反対の意見、参考となる情報を掲載した国民投票公報の配布や、投票記載所に掲示する憲法改正案要旨、放送、新聞広告広報活動により、分かりやすく客観的で中立的説明がなされるとされている。ラジオ・テレビ放送、新聞広告については、憲法改正案およびその要旨等の広報、憲法改正案に対する賛成の政党等および反対の政党等が行う意見の広告を行うとされる。そして、後者の意見の広告については、①政党等が無料で放送（広告）できること、②政党等は、①の放送のための録音または録画を一定額については無料で行うことができること、③賛成の政党等および反対の政党等の双方に対して同一の時間数および同等の時間帯を与える等同等の利便を提供しなければならないこと、④政党等は、放送（広告）の一部を指名する団体に行わせることができること、が規定されている。

(2) 国民投票運動の制限

憲法改正国民投票法による国民投票運動の制限に関しては以下のようなものがある。まず、国民投票運動については、「憲法改正案に対し賛成又は反対の投票をし又はしないよう勧誘する行為」と定義され（101条1項）るが、これらの「規定の適用に当たっては、表現の自由、学問の自由及び政治活動の自由その他の日本国憲法の保障する国民の自由と権利を不当に侵害しないように留意しなければならない」との注意もなされている（100条）。

そのような注意書きがあった上で、まず公務員について国民投票運動を制限している。この公務員とは、国・地方公共団体の公務員、特定独立行政法人・特定地方独立行政法人の役員・職員、公庫の役職員である。公務員については、「その地位にあるために特に国民投票運動を効果的に行い得る影響力又は便益を利用して」国民投票運動をすることが禁止されている（103条1項）。同様に、教育者についても国民投票運動をすることが制限されている。教育者とは、学

校教育法に規定される学校の長と教員を意味する。教育者は「学校の児童、生徒及び学生に対する教育上の地位にあるために特に国民投票運動を効果的に行い得る影響力又は便益を利用して」国民投票運動をすることを禁止されている（103条2項）。これらは、公職選挙法の規定に準じたものである（公務員について公職選挙法136条の2、教育者について同137条）。

　次に、放送による有料の意見広告の制限が課されている。これは、国民投票運動のための広告放送を国民投票14日前から国民投票の日まで禁止するというもの（105条）で、国民が憲法改正案について冷静な判断を行う機会を確保するためとされている。これは前述の「国民投票広報協議会」による広告とも関連する部分である。

3　表現の自由と国民投票運動制限

　国民投票運動の規制に関しては、憲法改正国民投票法による「国民の自由と権利を不当に侵害しないように留意しなければならない」との規定があるように、表現の自由などとの関係が問題となる。

　そもそも表現の自由とは、人の内心における精神作用を、方法のいかんを問わず、外部に公表する精神活動の自由をいう、とされ、表現の方法には、口頭、文章や放送など、多種多様なものが含まれ、憲法の条文上でも「一切の表現」とあらわされている。表現の自由は思想・信条・意見・知識・事実・感情など人の精神活動にかかる一切のもの、すなわち情報の伝達に関する活動の自由とされる。そして、情報を伝達する行為は、情報を受けとる行為があってはじめて意味があるものになることから、表現の自由は情報を受け取る自由、すなわち情報受領権を前提とする。さらに、情報伝達行為を行うためには、情報収集活動が必要になることから、情報収集の権利・自由を含むものとされる。表現の自由とは、情報の流通にかかわる国民の活動の数々について公権力に妨げられないことを意味しているとされる。表現の自由は、①個人の人格の形成と展開にとって不可欠であるという自己実現の価値、②立憲民主制の維持・運営にとって不可欠であるという国民の自己統治の価値があるとされる。

　そのような点から考えると、表現の自由と国民投票運動に関する制限との間に緊張関係があることが指摘される。すなわち、憲法改正国民投票は、主権者

である国民のまさに主権の行使がストレートにかかわる問題であり、表現の自由が最大限に尊重されなければならない問題であるという指摘である。民主主義、国民主権と結びついた表現の自由については、日本の最高裁においても説明されてきたことである。1960年東京都公安条例事件（判例⑥）では「そもそも憲法21条の規定する集会、結社および言論、出版その他一切の表現の自由が、侵すことのできない永久の権利すなわち基本的人権に属し、その完全なる保障が民主政治の基本原則の一つであること、とくにこれが民主主義を全体主義から区別する最も重要な一特徴をなすことは、多言を要しない」と表現の自由の保障が民主政治の基本原則の1つであることが述べられている。

4　国民投票運動にかかわる問題点

前節のような視点から、国民投票運動について考えてみよう。

(1)　公務員について

まず、公務員についての国民投票運動の制限である。この点については憲法改正国民投票法に2014年改正で追加された100条の2において「公務員は、公務員の政治的目的をもって行われる政治的行為又は積極的な政治運動若しくは政治活動その他の行為を禁止する他の法令の規定にかかわらず、国会が憲法改正を発議した日から国民投票の期日までの間、国民投票運動及び憲法改正に関する意見の表明をすることができる。ただし、政治的行為禁止規定により禁止されている他の政治的行為を伴う場合は、この限りでない」と説明されており、公務員の政治活動が制限されている（国公102条1項、人事院規則14-7、地公36条、教育公務員特例法18条）という問題は、国民投票運動については禁止の対象から外すことでクリアされている。

次に前述のように公務員について、「その地位にあるために特に国民投票運動を効果的に行い得る影響力又は便益を利用して」国民投票運動をすることが禁止されている問題である。この「地位利用」について、この規定が準じているとされる公職選挙法136条の2についての説明では、職務上の地位と選挙運動の行為が結びついている場合をいうとされ、補助金を交付する内部権限を持つ公務員が関係団体等に対して、その権限に基づく影響力を行使したり、公務員の内部関係において、職務上の指揮命令権などに基づく影響力を行使して、

公務員である部下に対して選挙での投票を勧誘したりすることなどがその例であるとされる。この趣旨は、公務員が一般市民とは異なった立場において、表現の自由における特権的な地位に立つことを防ぎ、一般市民との表現の自由の行使の場における平等を図り、国民投票の公正さを確保するものであるとされる。しかし、公正さを確保するという点で言うならば、地位利用という不明確な概念を用いずに、不当な状況になるおそれのある地位や職務内容に規制対象を限定すべきであるという指摘がある。「地位利用」の概念があいまいであることは、表現に対して萎縮効果を及ぼす。主権の行使にストレートにかかわる憲法改正国民投票であるからには、憲法保障上最大限の保障が与えられるべき表現活動であるはずの国民投票運動に際して、表現を委縮させるような規定にしておくことは非常に大きな問題である。

(2) 教育者について

同様に教育者に対する制限についても問題となる。同じく「教育上の地位を利用して」について、この規定が準じているとされる公職選挙法137条についての説明では、教育者が学校の児童、生徒、学生に対し、教職上占めている特殊の地位を利用し、これらの者との関係において、その保護者、PTA 等に働きかけることを言うとされ、直接教育上の地位を利用して学生、生徒等に選挙運動を行わせること、それらの者を通じて保護者に働きかけたり、教育上の地位を利用して直接保護者に働きかけたりするなどの行為が該当するとされる。しかし「地位利用」の概念あいまいさのために、大学教員などが、憲法改正について授業で取り上げ、学問的に検討することがその「地位を利用」した国民投票運動であるとされる危険性がある。これは教員の学問の自由を侵害する危険性ももつものであり、大学での憲法の授業担当者などには萎縮効果を与えるものであると言える。教員などが憲法改正についてこの規定の適用を恐れて憲法改正案に対して授業で話すことができなくなるとなれば、生徒、学生などが憲法改正についての知識を得て考える機会を失わせるおそれもあり、生徒、学生の学習権の制約ともなりかねないことが指摘されている。

(3) 広告規制について

最後に広告規制についてである。憲法改正国民投票法は、国民投票運動の広告放送を国民投票14日前から国民投票の日まで禁止するという規定になってい

る。

　これについては資金力に勝る賛成、反対のいずれかの側が、一方的に大量の放送 CM を流すことで、有権者の判断に影響を及ぼすという指摘がある。投票日15日前までの放送については、資金的な規制、量的な規制がともにないため、このような危険性が指摘される。さらに、14日前から規制されるのは、国民投票運動に関するものだけなので、投票に対する勧誘表現を含まない自己の意見を表明するだけの意見表明 CM については規制されないとの解釈が可能である。このような CM であっても、影響力のある人、団体によって行われたならば、投票結果には大きな影響を及ぼすであろうことも指摘されている。さらに、14日前からの規制は放送広告だけであり、インターネット上の広告などは今のところ特に規制などはかかるようになっていない。近年、テレビ放送などよりもインターネット動画の視聴の方が多いという若者も多い中、放送広告規定がどの程度の効果があるかといった問題もあるだろう。国民投票運動の広告については、「自由」の面を強調すれば、全く規制を行わないことも考えられるし、「公正」の部分を強調するならば、広告活動を一切禁止するといった手法も考えられる。「自由」を前提としつつ「公正」を確保するとなれば、そこをどうバランスを取っていくかということになるが、研究者からは、国民投票運動 CM、意見広告 CM の費用に上限を設けることなどや、CM の広告主となるべきものを賛成派、反対派、それぞれ一団体に限定することなども提案されている。

問いかけとして
　憲法改正の国民投票運動の規制については、どんなあり方が考えられるだろうか？公務員、教育者の規制は必要だろうか。必要とするならば、どのような形で規制するのがよいだろうか。広告規制についてはどうだろうか。放送規制、その他のものも含めた広告規制は、現状のままで十分だろうか。それとも、資金規制などが必要であろうか。

18 なぜ議会は2つもあるのだろうか？
◉国会（二院制）

できごと

以下は、教員Aとそのゼミ生B、Cとの会話である。

A：……日本では明治憲法以来二院制を採用しております。明治憲法下では、衆議院と貴族院、日本国憲法下では衆議院と参議院ですね。Bさん、どうしましたか？

B：前から不思議だったのですが、何で2つも必要なのですか？憲法で、国会は衆議院と参議院で構成されると規定しているのは知っていますが、そもそもなぜ憲法はそのような規定を置いたのですか？

A：確かに、必ずしも2つでなければならない、ということではないですね。実際に一院制を採用している国も多くあります。そもそも議会が複数の議院から構成されるべきか、そうだとして、なぜ2つなのか、という問題がありますね。

C：議院が3つや4つだった国もあったと聞いたことがあります。そういった複数の議院から構成されているのは、たいていは中世の議会が身分ごとに構成されていたことの名残であると聞きました。今はそんな時代じゃないので、1つでいいと思うのですが。

A：なるほど。たしかに、日本でも、明治憲法下の衆議院と貴族院とでは選出母体が違いますよね。衆議院は公選の議員、貴族院は非公選の皇族議員や華族議員、勅任議員（国家に勲労のあるまたは学識のある30歳以上の男子から天皇により任命された終身の議員）で構成されていました。現在の日本は、貴族制度を憲法で禁止しているので、貴族院はありませんね。

B：貴族院とは違って、参議院は衆議院と同じく国民の代表機関ですよね。同じ母体から選ばれる2つの議院が必要な理由がわからないんです。むしろ、かつてねじれ国会といわれたように、衆議院と参議院が対立して、なかなか法律が制定できなかったりと、弊害があったりすると思います。たとえば2008年には、いわゆるガソリン税などの暫定税率の延長をめぐって衆参が対立して、51年ぶりに衆議院の再可決が行われるということもありました。また、同じ年には、日銀総裁の人事をめぐって、参議院の同意を得られずに、日銀総裁が一時空席となることも

ありました。一院制だったら、法律の制定などの政治的意思決定はスムーズに進むから、その方がいいと思いますが、どうでしょうか？

C：参議院といえば、最近では、私の出身地である島根県は、参議院議員の選挙区が鳥取県と合わせて1つの選挙区（合区）となってしまいました。これでは私たちの意見が聞いてもらえない気がします。憲法上、両院とも全国民の代表とされていますが、参議院を地方代表にするなどして違う構成にしたらいけないのですか？

A：そうですね。では、なぜ日本は二院制を採用しているのか、考えてみましょう。そして、二院制を採用した場合の問題点や、参議院の性格についても考えてみましょう

考えてみよう憲法問題

1　二院制の根拠

(1)　二院制にはどのようなものがあるのか

　それぞれ独立に意思決定を行う権能を持つ2つの議院によって議会が構成されることを二院制という。日本では、憲法42条が、「国会は、衆議院及び参議院の両議院でこれを構成する」として、二院制を採用している。

　二院制には、様々な類型があり、大きく分けると①貴族院型、②連邦制型、③多角的民意反映型がある。

　①は、立憲君主制下の貴族団体を基礎に第二院を構成し、貴族の立場、利益を代表させるとともに、民選の第一院に対して抑制を加えるものであり、イギリスや明治憲法下の日本がこれに当たる。現在もこの制度を採用しているイギリスでも、貴族院の権限は縮小されている。

　②は、連邦制国家において、連邦国民全体を代表する第一院のほかに、連邦を構成する州を代表する第二院をおくものであり、アメリカやドイツなどがこれに当たる。たとえば、アメリカでは、下院は国民代表という性格をもち、人口に比例した議席配分がなされるが、上院は州代表という性格をもち、人口の多寡にかかわらず、各州均等に議席配分がなされている。そのため、上院については、1票の較差は問題とはならない。

　③は、貴族制度も存在せず、連邦国家でもない単一国家において採用されて

いる二院制である。フランスやイタリア、日本がこれに当たる。

(2) 参議院は不要？

①、②の場合は、二院制が採用されている理由は明確である。しかし、③の場合、なぜ二院制を採用するのかについて、説明することは簡単ではないと言われる。また、二院制については、両院の意見が一致するのなら不要であり、一致しないのであれば有害であると言われることもある。そもそも、日本国憲法制定に際して、連合国最高司令官総司令部が作成した草案（マッカーサー草案）では、一院制が提案されていた。しかし、日本側の反対により、二院制を採用することになった。ただし、総司令部側が明治憲法のような貴族院型を認めない方針であったため、両院とも公選とする条件の下で二院制が採用された（なお、総司令部は一院制を強く主張していたわけではなく、日本側との「取引の種」にするつもりであったと言われている）。そこで、両院の任期に違いを設けたり、被選挙権を区別したり、また異なる選出方法を採用したりするなど、様々な工夫がなされた。

しかしながら、日本では、かつては、55年体制のもと、衆議院と参議院の多数が同じ政党あるいは政党連合に所属する議員により占められていたため、その独自性を失い、「衆議院のカーボンコピー」であると揶揄されたこともある。ところが、1990年代終わりころになると、野党が参議院の過半数を占めることがあり、衆参の対立により与党が法律を制定することが困難になるなど、国会運営に支障をきたすこともあった（「ねじれ国会」などと呼ばれた）。これらの事態をうけて、参議院不要論が起こることもあった。

(3) 二院制が採用されている理由

では、なぜ二院制が採用されているのか。その存在理由については、①議会の専制の防止、②下院と政府との衝突の緩和、③下院の軽率な行為・過誤の回避、④民意の忠実な反映などが挙げられる。①、②は、主に貴族院型の上院の存在理由として説明されてきたものであり、日本国憲法が採用する二院制の存在理由としては不適切である。③は、衆議院は「数の府」であり、多数決により国政の決定をすべき場であるが、「理性の府」としての参議院を並置することにより、国会の審議をより慎重なものとすることができるとする考え方である。④は、選挙制度はどのように作ったとしても、国民の間にある多様な民意

を完全に汲み取ることは不可能であるため、議員の選出について議院間で時期・方法などを異にすることにより、異なった視点から民意を把握し、それを総合することにより、より民意の反映につなげることができるとする考え方である。たとえば、フランスでは、上院（元老院）は地方公共団体の代表とされ、国会議員等により選出される（このような制度を「複選制」と呼ぶ）。現在では、③、④が二院制の存在理由として説明されることが多い。ただし、日本の参議院は、衆議院と同じく「全国民の代表」であるとされ（43条）、また、国民から直接選ばれることなどから、④の要素は薄いとも言われる。

　また、衆議院が解散などで活動能力を失っているとき、もう１つの院があれば、緊急の必要に民主的に対応することが可能となることも、二院制の存在理由の１つだと言われている。憲法上、衆議院とは異なり参議院は解散がなく、また、３年ごとに半数ずつ改選されることから、参議院は常に存在することが憲法上予定されている。衆議院が解散されたときは、国に緊急の必要があるときは、参議院が緊急集会を開くことを認めている（54条２項）。なお、緊急集会を開くことが困難になることから、衆参同日選挙は違憲であるとの主張もある。しかし、上述のように、参議院は３年ごとに半数を改選する。残った半数の参議院議員で緊急集会を開くことが可能であるとされていることなどから、緊急集会の開催の困難さは、衆参同日選挙が違憲であるとの主張の根拠にはならないと考えられている。

2　衆議院と参議院が対立するときはどうすればよいのか

(1)　強い参議院は不要か？

　両院は、同時に召集され、同時に閉会となる。また、両院は、それぞれ独立して議事を開き、議決をする。上で見たように、衆議院と参議院とでは、任期や選出方法が異なることから、衆議院と参議院とで、異なる勢力が多数派を構成することがありうる。そのような場合には、両院が異なる議決をすることもある。いわゆる「ねじれ国会」の際には、衆参が対立して、法律の制定などが困難となった。

　このような場合に対応するため、憲法を改正して一院制にするべきであるという意見や、参議院の権限を弱くするべきであるという意見がある。日本で

は、憲法上、一部の例外を除いて両院の権限は対等であることから、参議院は衆議院の決定をブロックできる強い権限を持っているため、「強い参議院」と言われることがある（ただし、参議院と衆議院は選出基盤が同じであるため、多数派が衆議院と同じになりやすく、その強い権限を実際には行使することが少なくなることから、弱い二院制であると言われることもある）。このような強い参議院は不要であり、民主主義の観点からすれば、一院制で充分であるとの指摘もある。あるいは、参議院の持つ強い権限を弱くするべきであるとする意見もある。しかし、衆議院と同じ選出基盤で構成され、かつ権限が弱い参議院は、それこそ不要な存在になってしまいかねない。

(2) 衆議院の優越

これに対して、二院制を採用する以上、このような事態が起こることを憲法は想定していると言える。事実、憲法は、いくつかの事項について、衆議院の優越を認めている。つまり、一定の事項については、両院の意見が対立した際に、衆議院の意思が参議院の意思に優位するようになっている。まず、法律の議決に際して、憲法59条2項は、「衆議院で可決し、参議院でこれと異なった議決をした法律案は、衆議院で出席議員の3分の2以上の多数で再び可決したときは、法律となる」と規定する。また、予算の議決（60条2項）や条約の承認（61条）、内閣総理大臣の指名（67条2項）について、衆議院と参議院とが異なる議決をした場合、両院協議会を開いても意見が一致しないときまたは参議院が一定の期間議決をしないときは、衆議院の議決が国会の議決となる。法律案の再可決については、出席議員の過半数という高いハードルが課されているという点で、他の3つの事項と比べて、衆議院の優越の程度ははるかに弱い。これらのほかに、内閣に対する信任案・不信任案の議決は衆議院にのみ認められている（69条）。予算は、さきに衆議院に提出しなければならないという規定（衆議院の予算先議権）もある（60条1項）。

これらの憲法が定めた事項以外に、法律で新たに衆議院の優越を認めることができるのかについては争いがある。これは、衆議院の優越を原則と見るのか、例外と見るのかという問題である。前者の立場に立つと、法律で新たに衆議院の優越を定めることは許されることになる。この場合、衆議院の優越が認められる事項を新たに定めておくことにより、ねじれ国会に対応することも可

能であろう。衆議院の優越を例外とみる場合、憲法が定めた事項以外に衆議院の優越を認めることは許されないということになる。

3　参議院の特殊性？

(1)　「代表」って何？

　上で見たように、参議院が存在する理由は説明される。これに対して、衆議院と参議院とで異なる性格にした方が、参議院の存在理由が明確になるという意見もある。そこで問題となるのが、憲法43条が、「両議院は、全国民を代表する選挙された議員でこれを組織する」と定めていることである。つまり、衆議院議員も参議院議員も、全国民の代表である。この規定にもかかわらず、参議院に地域代表的な性格をもたせることはできないのだろうか。

　ここでいう「代表」とは、民法にいう「代理」とは違う意味である。つまり、代表機関の行為が、代表される者（国民）の行為とみなされる、という意味ではない。ここでいう「代表」とは、「国民は代表機関を通じて行動し、代表機関は国民の意思を反映するものとみなされる」という趣旨の政治的な意味であると考えられている。これは、具体的には、①議員は、どのような選挙の方法で選ばれた者であっても、すべて等しく全国民の代表であり、特定の選挙母体の代表ではないこと、②議員は、自身の良心に従って自由に表決することができ、選挙区の選挙民の具体的・個別的な指令には拘束されないことを意味する。しかし、この政治的意味における代表の考え方は、議員は国民のために活動する意思を持ちさえすればよいとして、国民の意思と議員の意思との間に一致の関係が実際にあるかどうかを問題にしない。そのため、実際には両者の間に意思の不一致があっても、それを覆い隠す考え方であるとして批判される。そこで、「代表」について、国民の意思と議員の意思の事実上の類似を重視する、社会学的代表の意味を含むものと考えるべきであるとする立場がある。それによると、国民の多様な意思をできるだけ公正かつ忠実に反映する選挙制度を構築することにより、国民の意思と議員の意思との間の溝を埋めることが求められる。

(2)　参議院に、地域代表的な性格を持たせることができるか？

　社会学的な代表には、国民の社会学的な構成を議会の構成に反映するという

考え方も含まれると考えられる。これは、民意の縮図としての議会を作り出すことにより、国民の意思と議員の意思との一致を実現しようとするとするものである。1人1票を原則とする選挙制度は、個人を基盤とした制度である。しかし、地域や人種、性別といった個人以外の国民の社会学的な構成要素があり、それらをどこまで考慮できるのか、という問題がある。

　二院制を採用する場合、第一院とは違う代表の実現を目的に、第二院にはそれとは違う要素が組み込まれる場合があり、日本でも、参議院の選挙制度については、一定の限度で地域代表的要素を考慮することができるとする立場もある。最高裁は、参議院の1票の較差が問題となった事件で、憲法が二院制を採用し、各議院の権限および議員の任期等に違いを設けているところから、「ひとしく全国民を代表する議員であるという枠の中にあっても、参議院議員については、衆議院議員とはその選出方法を異ならせることによってその代表の実質的内容ないし機能に独特の要素を持たせようとする意図の下に」選挙制度を構築することも許されるとする。そして、「議員の国民代表的性格とは、本来的には、両議院の議員は、その選出方法がどのようなものであるかにかかわらず特定の階級、党派、地域住民など一部の国民を代表するものではなく全国民を代表するものであって」、「参議院地方選出議員の仕組みについて事実上都道府県代表的な意義ないし機能を有する要素を加味」しても、「これによって選出された議員が全国民の代表であるという性格と矛盾抵触することになるものということもできない」としている。そのため、参議院は、衆議院よりも1票の較差が許されるとしている（判例㉑）。後に述べるように、近年の最高裁は、1票の較差についてより厳しい姿勢を見せている。その結果、地方の議席は減少している。また、参議院議員選挙の区割りについては、2015年に、人口の少ない都道府県を合区できるようになり、島根県と鳥取県、徳島県と高知県が1つの選挙区となった。これにより、都市部と地方とで、選挙区の大きさの差が拡大している。このような差を埋めるために、地方代表的な性格をもたせるべきであるとの意見もありうるだろう。

　これに対して、参議院議員も全国民の代表である以上、参議院の特殊性を理由に地域代表という部分代表を認めることには慎重であるべきとの意見もある。近年の最高裁は、選挙制度の構築に当たり、参議院の特殊性を考慮するこ

とは許されるとしつつも、「投票価値の平等が憲法上の要請であることにかんがみると、国会において、速やかに、投票価値の平等の重要性を十分に踏まえて、適切な検討が行われることが望まれる」（判例㉞）、「参議院議員の選挙であること自体から、直ちに投票価値の平等の要請が後退してよいと解すべき理由は見いだし難い」（判例㊴）などと述べ、参議院に地域代表的性格を認めて投票価値の平等を後退させることに慎重になっている。

19 内閣はいつでも議会を解散できるのだろうか？
◉議院内閣制と内閣の衆議院解散権行使

できごと

20○○年○月○○日、Ｘ内閣は、少子高齢化に伴う人手不足を補うため、高度な専門的・技術的な知識を有する人材に限っていた外国人労働者の受け入れ政策を大きく転換し、単純労働分野への就労を可能とする在留資格を新設するための外国人就労の新たな在留資格である「特定技能」の創設を盛り込んだ出入国管理法の改正案を閣議決定し、会期中の国会に提出した。この新たな在留資格である「特定技能」は、不足する人材の確保を図るべき産業分野に属する相当程度の知識または経験を必要とする技能を要する業務に従事する外国人向けの在留資格であり、雇用形態は原則として直接雇用で、報酬額は日本人と同等の水準とされる。また、この「特定技能」は、1号と2号に分かれているが、「特定技能2号」については、家族の帯同が認められる。

Ｘ内閣が提出した出入国管理法改正案は、20○○年○月○○日、衆議院本会議で可決され、その後、参議院に送られたが、同年○月○○日に参議院本会議で否決された。このような場合、Ｘ内閣は、国会法83条2に基づき議案を衆議院に送付した上で、憲法58条2項に基づき再可決を行う、あるいは両院協議会を開催するといった手段を講じることができる。しかし、Ｘ内閣は、このような手段を講じることなく、参議院本会議での否決を受け、同日中に天皇に衆議院を解散することを上奏した。Ｘ内閣は同日、憲法7条により衆議院を解散する旨の詔書案を持ち回り閣議で作成し、天皇の裁可署名を得、その翌日に宮内庁で御璽を受けたが、この段階では詔書案には5名の国務大臣の署名しかなく、全閣僚の署名がそろったのはその翌々日だった。そして、同日、詔書伝達の臨時閣議を経て衆議院は解散された。憲法7条に基づく今回の衆議院の解散について、総理大臣Ａは、「少子高齢化が深刻化する中、外国人労働者の受け入れについて賛成か反対か、はっきりと国民に問いたい」と述べた。

衆議院議員Ｙは、憲法7条に基づく内閣総理大臣の衆議院解散権の行使が違憲無効であるとして任期満了までの歳費の支払いを国に求め、訴えを提起した。

本件において、裁判官は、どのような判断を下すべきであろうか。

考えてみよう憲法問題

1　内閣について

　憲法66条1項は、「内閣は、法律の定めるところにより、その首長たる内閣総理大臣及びその他の国務大臣でこれを組織する」と定めており、内閣は、その首長である内閣総理大臣と各国務大臣からなる合議体であるとされる。憲法66条2項は、「内閣総理大臣その他の国務大臣は、文民でなければならない」と規定している。従来の学説では、「文民」とは、職業軍人の経験を有さない者と解されていたが、現在の学説においては、自衛隊員ではないものと理解する説が有力となっている。憲法67条1項は、「内閣総理大臣は、国会議員の中から国会の議決で、これを指名する。この議決は、他のすべての案件に先だって、これを行う」と規定し、内閣総理大臣が国会議員の中から選出されることを定めている。また、憲法68条1項は、内閣総理大臣が、国務大臣を任命することを定めているが、「……但し、その過半数は、国会議員の中から選ばれなければならい」と規定している。さらに、憲法68条2項は、「内閣総理大臣は、任意に国務大臣を罷免することができる」と規定し、内閣総理大臣の国務大臣罷免権を定めている。加えて、憲法72条は、「内閣総理大臣は、内閣を代表して……一般国務及び外交関係について……行政各部を指揮監督する」と規定している。このように、日本国憲法の下では、内閣において、内閣総理大臣は優越的地位に置かれ、その権限が強化されている。

　内閣総理大臣から任命される国務大臣は、内閣法3条1項に基づき、主任の大臣として、行政事務を分担管理するとされている。すなわち、国務大臣と行政大臣を同一人物が兼任しているのである。これを「国務大臣・行政大臣兼任制」という。

　ところで、憲法65条が「行政権は内閣に属する」と定めているように、内閣は行政権を行使する最高機関であるとされる。さらに、73条1号が内閣の職務について、「法律を誠実に執行し、国務を総理すること」と規定していることから、単に法律を執行するだけではなく、「国務を総理すること」、すなわち、国政の基本方針を決定することも内閣の重要な職務であると考えられている。

2　議院内閣制について

　議院内閣制は、イギリスで誕生した。かつてのイギリスでは、国家元首である国王と議会とが対峙していた。そのため、議会下院である庶民院の信任を受けていることが、下院解散権を有する国王から任命を受ける内閣の在職要件とされた。その後、国王が象徴化したことで、内閣が政府そのものを担うこととなり、議会下院の多数を占める政党を基礎に内閣が成立するとともに、内閣が解散権を行使するという政治体制へと変化していった。すなわち、元首である国王と議会の双方に対して内閣が責任を負うという二元的議院内閣制から、議会に対してのみ実質的な責任を負うという政治体制へと変化していったのである。また、このような政治体制においては、選挙権の拡大という歴史的な潮流を背景に国民に対して責任を負う議会、そして、議会に対して責任を負う内閣という政治プロセスが息づいているとされる。このようなイギリスの議院内閣制は、君主制との結びつきに着目して議会君主制と呼ばれる。

　1885年、日本も議院内閣制度を採用した。他方で、明治憲法には、内閣に関する規定はなく、さらに、各国務大臣が天皇を輔弼するとともにその責を負うものとされていた。すなわち、各国務大臣が天皇の統治権行使を手助けし、さらに、天皇の統治権行使については各大臣が責任を負うとすることによって、統治権の行使につき、天皇に責任が及ばないような政治の仕組みになっていたのである。その後、1889年、内閣官制に基づき内閣が成立し、これまで個々の国務大臣が天皇を輔弼していた政治体制から、内閣が一体となって天皇を輔弼するような政治体制に改められた。また、明治憲法の下では、慣行として、元老あるいは重臣と呼ばれる人々が、内閣総理大臣や各国務大臣候補を天皇に推薦し、その推薦を受けて、天皇が議会の意思とは無関係に内閣総理大臣や各国務大臣が任命していた。このような内閣は、大権内閣あるいは超然内閣と呼ばれる。

　その後、ポツダム宣言を受諾し、日本の敗戦が確定した後、新たに制定された日本国憲法は、国民主権の原則を採用するとともに、天皇を象徴という地位に置いた。そして、憲法が、天皇は憲法7条が定める国事行為以外には国政に関する権能を有しないと定めたことによって、65条に規定されるように内閣は行政権を行使する最高機関となった。

ところで、日本では、議院内閣制とは何かという議論が展開され、内閣が議会の信任に基づくことを本質とする責任本質説、さらに、内閣が議会の信任に基づくことに加えて内閣と議会の均衡を重視して内閣の解散権を本質的要素と捉える均衡本質説という2つの学説が対立した。責任本質説は、内閣よりも議会の方を民主的と捉えた上で、内閣に対する議会の民主的なコントロールを最重視する。しかし、有権者としての国民の存在を基礎とした上で、内閣不信任決議権を有する議会と議会の解散権を有する内閣とが国民の支持を求めて互いに競い合うという統治構造が国民主権を謳う日本国憲法の下での議院内閣制のあるべき本質的な姿であるように思われる。

3　衆議院の解散権とその法的根拠

　憲法は69条において、「内閣は、衆議院で不信任の決議案を可決し、又は信任の決議案を否決したときは、十日以内に衆議院が解散されない限り、総辞職をしなければならない」と規定し、衆議院の解散について、具体的に規定している。しかしながら、この69条は、衆議院で不信任の決議案が可決、あるいは信任の決議案が否決された場合、衆議院が解散されうると規定するのみで、それ以外の場合の衆議院の解散可能性については言及していない。このようなことから、衆議院の解散は、69条の場合に限定されるという学説（Ⅰ説）と69条の場合に限定されないという学説（Ⅱ説）の対立が生じた。

　後者の69条規定の場合に限定されないとする学説（Ⅱ説）には、天皇の国事行為として衆議院の解散を規定する憲法7条に、その根拠を求める学説（Ⅱ-A説）と7条以外の規定、あるいは憲法に内在する原則にその根拠を求める学説（Ⅱ-B説）、加えて、自律的な衆議院の解散可能性に言及する学説（Ⅱ-C説）の3つがある。また、衆議院の解散の根拠を7条に求める学説（Ⅱ-A説）は、天皇の国事行為としての衆議院の解散が、本質的に形式的・儀礼的なものであるから、その実質的な決定権は内閣にあるとする学説（Ⅱ-A1説）と憲法7条3号に基づく衆議院の解散は、政治的なものであるが、内閣の「助言と承認」に依拠することによって、憲法は衆議院の解散を天皇の国事行為としたとする学説（Ⅱ-A2説）とに分かれる。他方で、衆議院の解散を7条以外の規定、あるいは憲法に内在する原則に求める学説（Ⅱ-B説）は、憲法65条の「行政権は、

内閣に属する」という行政権規定に根拠を求める学説（II-B1説）と議院内閣制のあり方や日本国憲法が採用する権力分立制の原則などに根拠を求める学説（II-B2説）の2つに分かれる。

　「国会は、国権の最高機関であって、国の唯一の立法機関である」という憲法41条の規定から国会は最高機関とされるが、その根拠は、国会が選挙というプロセスを通じて、国民の意思を反映した国家意思形成威力を発揮するところにあるとされる。したがって、何らかの事情で、国会の最高機関性の正当化根拠に問題が生じた場合、選挙によって国民の意思を確認することが求められよう。このようなことから、憲法69条の趣旨が、内閣不信任案が可決した場合、あるいは内閣信任案が否決された場合にのみ衆議院の解散が行われうると規定するものであると解することは難しく、同条は、内閣不信任案が可決、あるいは内閣信任案が否決された場合の内閣の取るべき指針を定めたものであると解すべきである。このようなことから、衆議院の解散は、69条が定める場合に限定されないと解する学説（II説）が妥当であろう。

　衆議院の解散は、憲法69条が規定する場合に限定されないという学説（II説）のうち、天皇の国事行為としての衆議院の解散が、本質意的に形式的・儀礼的なものであるから、その実質的な決定権は内閣にあるとする学説（II-A1説）については、天皇の国事行為が本質的に形式的・儀礼的なものに過ぎないのに、それに対する内閣の「助言と承認」権に実質的な意味を持つ解散権を求めるのは理論上無理があるように思われる。また、憲法7条3号に基づく衆議院の解散は、政治的なものであるが、内閣の「助言と承認」に依拠することによって、憲法は衆議院の解散を天皇の国事行為としたとする学説（II-A2説）については、象徴天皇制、すなわち、天皇は名目的な機能しか有さず、伝統的な立憲君主とは異なるという前提に立った場合、その妥当性に疑問が生じる。また、憲法65条の「行政権は、内閣に属する」という行政権規定に衆議院の解散の根拠を求める学説（II-B1説）は、立法作用と司法作用以外のものはすべて行政作用に含まれるという行政控除説に依拠するものであるが、「解散という作用をもって立法でも司法でもないから行政であるといった発想はいかにも安直でないか」といった指摘がある。さらに、自律的解散の可能性に言及する学説（II-C説）は、国会の最高機関性や国民主権に依拠したものであるとされる。しかし、

この学説については、国会の最高機関性や国民主権に依拠するのであれば、参議院についても解散が認められるのではないかといった疑問や憲法の明文規定無しに解散が許されるのかといった疑問がある。

　以上のように、衆議院の解散については、様々な学説が存在し、さらに、その妥当性をめぐり争い存在あるが、日本国憲法は、本質的な議院内閣制観に立脚しているとみなすことができることから、それに基づき、内閣は天皇に対して衆議院の解散について、「助言と承認」を行うと理解するのが妥当であるように思われる。

4　衆議院の解散権の限界

　国会の最高機関性から、①「選挙の際に直接の争点とはならなかった重大な問題が生じ、任期満了をまたずにそのことに関する国民の意思を問う必要がある場合」、あるいは②「国会の統一的な意思形成威力に問題が生じ、内閣として責任ある政策形成を行いえないような事態が生じた場合」には、衆議院議員の任期満了を待たずにそのことに関する国民の意思を問う必要があるため、内閣は衆議院の解散権を行使できると考えることができよう。しかしながら、内閣の衆議院の解散権行使について、正当な理由があるか否かは、最終的には国民世論を意識したその時々の内閣の判断に委ねられることになるように思われる。

　ところで、2005年、衆議院において、郵政民営化関連法案が5票差で可決された後、参議院においては、自民党から大量の造反者が出て同法案は否決された。その後、小泉内閣は、郵政民営化関連法案の賛否を国民に問うとして衆議院を解散したが、郵政民営化の問題が、①「選挙の際に直接の争点とはならなかった重大な問題が生じ、任期満了をまたずにそのことに関する国民の意思を問う必要がある場合」に該当するか否かは意見が分かれるであろう。

5　内閣による衆議院の解散権行使の合憲性について

　1960年の苫米地事件判決（判例⑤）では、第3次吉田茂内閣が、憲法7条に基づき、いわゆる抜き打ち解散を行ったことにより、議席を失った衆議院議員の苫米地義三氏が、衆議院の解散は憲法69条に基づき行われるべきところ、憲法7条のみに依拠した解散が行われたこと、さらに、解散詔書の発布課程にお

いて、全閣僚一致の閣議決定とこれに基づく天皇に対する助言、加えて、天皇の本件解散詔書発布行為についての内閣の承認が、いずれも認められないことを理由に抜き打ち解散の違憲無効を主張し、議員資格の確認と任期満了までの歳費の支払いを求めて訴えを提起した（ただし、議員資格の確認請求については、苫米地氏主張の任期満了時に取り下げられている）。

　最高裁は、1960年、「現実に行われた衆議院の解散が、その依拠する憲法の条章について適用を誤ったが故に、法律上無効であるかどうか、これを行うにつき憲法上必要とせられる内閣の助言と承認に瑕疵があったが故に無効であるかどうかのごときことは裁判所の審査権に服しないものと解すべきである。……わが憲法の三権分立の制度の下においても、司法権の行使についておのずからある限度の制約は免れないのであつて、あらゆる国家行為が無制限に司法審査の対象となるものと即断すべきでない。直接国家統治の基本に関する高度に政治性のある国家行為のごときはたとえそれが法律上の争訟となり、これに対する有効無効の判断が法律上可能である場合であつても、かかる国家行為は裁判所の審査権の外にあり、その判断は主権者たる国民に対して政治的責任を負うところの政府、国会等の政治部門の判断に委され、最終的には国民の政治判断に委ねられているものと解すべきである。この司法権に対する制約は、結局、三権分立の原理に由来し、当該国家行為の高度の政治性、裁判所の司法機関としての性格、裁判に必然的に随伴する手続上の制約等にかんがみ、特定の明文による規定はないけれども、司法権の憲法上の本質に内在する制約と理解すべきものである。衆議院の解散は、衆議院議員をしてその意に反して資格を喪失せしめ、国家最高の機関たる国会の主要な一翼をなす衆議院の機能を一時的とは言え閉止するものであり、さらに、これにつづく総選挙を通じて、新な衆議院、さらに新な内閣成立の機縁を為すものであつて、その国法上の意義は重大であるのみならず、解散は、多くは内閣がその重要な政策、ひいては自己の存続に関して国民の総意を問わんとする場合に行われるものであつてその政治上の意義もまた極めて重大である。すなわち衆議院の解散は、極めて政治性の高い国家統治の基本に関する行為であって、かくのごとき行為について、その法律上の有効無効を審査することは司法裁判所の権限の外にありと解すべきことは既に前段説示するところによってあきらかである。そして、この理は、

本件のごとく、当該衆議院の解散が訴訟の前提問題として主張されている場合においても同様であつて、ひとしく裁判所の審査権の外にありといわなければならない。本件の解散が憲法7条に依拠して行われたことは本件において争いのないところであり、政府の見解は、憲法7条によつて、——すなわち憲法69条に該当する場合でなくとも、——憲法上有効に衆議院の解散を行い得るものであり、本件解散は右憲法7条に依拠し、かつ、内閣の助言と承認により適法に行われたものであるとするにあることはあきらかであつて、裁判所としては、この政府の見解を否定して、本件解散を憲法上無効なものとすることはできないのである」として、請求を棄却した。

　本件において、最高裁は、いわゆる統治行為論に基づき、衆議院の解散の合憲性といった高度に政治的な判断については、たとえそれが法律上の争訟であっても裁判所の審査に馴染まないと述べた。しかしながら、憲法7条に基づき、衆議院を解散できるか否かは憲法解釈の問題であるため、その効力について最高裁は審査すべきであり、7条に基づく衆議院の解散が政治的影響力の大きな行為であるとか、最高裁判決の結果生じる影響が大きいといった理由で司法審査を控えるべきではなかったという指摘がある。また、本判決には、解散を合憲と判示し得たのではないかという批判、さらには、統治行為論は、本来、フランス型行政裁判制度を前提とするが、現行憲法はその前提を欠くという批判などがある。

6　内閣の解散権行使の制限

　イギリスにおける議会解散権は、国王大権であり、第一次世界大戦までは内閣の総意に基づき、国王に対して解散の請求がなされていたが、20世紀初頭に先例の誤解により、国王に対して解散を請求する権限が首相に専属することとなり、それが現在の憲法慣習となったとされる。そして、これにより、首相が単独の意思で議会の解散権を行使することができるようになった。しかし、2011年、「議会任期固定法」が制定されたことにより、内閣不信任案が可決された場合以外の解散には下院議員の3分の2以上の賛成が必要となり、首相の解散権行使に制限がかけられるようになった。イギリスでは、2017年、メイ首相が解散総選挙の意向を表明し、その後、議会で解散が決議されたが、法律上、

この解散は議会の自律的解散と理解されている。

　他方で、日本においては、憲法7条に基づき、内閣は自由に解散権を行使できると認識されている。つまり、イギリスとは異なり、解散権を行使できるのは、内閣であって首相ではないのである。しかしながら、参議院での郵政民営化関連法案否決を受けた衆議院の解散に反対した島村宜伸農水大臣を小泉首相が罷免し、結果として閣僚全員が解散に同意した2005年のできごとに鑑みると、首相が実質的に解散権を有しているように思われる。

　また、日本においては、内閣の解散権濫用による頻繁な選挙が、党利党略による解散総選挙や政治の不安定化を招くとして懸念されており、このような党利党略による解散総選挙や政治の不安定化を防ぐことを目的に内閣による解散権の行使を制限すべきであるという主張がある。しかし、このような主張に対しては、たとえ党利党略に基づき解散総選挙が行われたとしても、国民の判断を仰ぐ選挙自体は民主的であり、望ましいものであるので、内閣による解散権の行使を制限すべきではないという批判がある。日本では、投票率の低さや国民の政治への無関心といった問題が顕在化しているため、今後、内閣の解散権行使をめぐる議論が活発になる可能性があろう。

　ところで、イギリス憲法の一部は、慣習や判例法の形式をとって存在するが、イギリス憲法のその他の部分は、権利章典や1911年議会法といった議会制定法の形式で存在しており、イギリス憲法は憲法典という形式をとらない不成典憲法であるとされている。内閣の解散権行使の制限をめぐる問題について、イギリスの動向を踏まえながら検討を行う際には、このようなイギリス憲法の特殊性を考慮する必要があろう。そこで、このようなことを踏まえながら、日本における内閣の解散権行使の制限をめぐる具体的な方法について考えてみると、日本国憲法を改正して内閣の解散権の行使を限定する、あるいは内閣が解散権を行使する場合の手続きを法律で厳格化することによって、内閣の解散権の行使を制限することが可能となろう。

20 裁判所に意見を求める制度とはどのようなものだろうか？
◉司法権と勧告的意見の可能性

できごと

　20XX年、国会閉会中に、衆議院の総議員の３分の１を占める野党議員が臨時会の招集を要求した。しかし、内閣総理大臣Cは、この要求を無視した。以下は、国会議員Ａ（野党第１党所属）とその秘書Ｂとの会話である。

Ａ：臨時会の招集の要求は無視されてしまったねぇ……

Ｂ：憲法53条に『いづれかの議院の総議員の四分の１以上の要求があれば、内閣は、その召集を決定しなければならない』とあるのに、無視するのは憲法違反ではないでしょうか？

Ａ：私もそう思うよ。こうなったら、訴訟を提起して、憲法違反であると主張するしかないかな

Ｂ：しかし、今回の総理の対応は、具体的に誰かの権利を侵害しているものとはいいがたいのではないですか？裁判所法３条の『法律上の争訟』にあたらないと判断されて、訴えが却下されてしまうのではないでしょうか

Ａ：うーん、どのように主張したらいいのかな。日本でも抽象的違憲審査性が認められていたらいいのにね。そのあたりはどうかな？

Ｂ：警察予備隊訴訟では、現在採用されているのは付随的違憲審査制であると判断されました。しかし、抽象的違憲審査性が全く認められないわけではない、との学説もあります

Ａ：なるほど。他に何か使える制度はないのかな

Ｂ：たとえばカナダなどで行われている勧告的意見というものがあります。これは要するに、ある法律や憲法問題などについて、最高裁判所に意見を求める制度です。たとえば、カナダでは、1998年のケベック州の分離独立に関する勧告的意見などがあります。日本国憲法の下でも、この勧告的意見が認められる余地はあるとの学説はあります

Ａ：なるほど。つまり、その勧告的意見というのは、抽象的違憲審査制や付随的違憲審査制とは違う、第３の選択肢となりうるわけだね。では今後のためにも、勧告的意見という制度を日本国憲法のもとでも採用することができるのか、検討し

てみてくれないかな

B：わかりました

考えてみよう憲法問題

1 裁判所はどのような場合に司法権を行使できるのか

(1) 法律上の争訟とは

　憲法は、司法権が裁判所に属する旨規定している（76条1項）。ここでいう司法権とは、「具体的な争訟について、法を適用し、宣言することによって、これを裁定する国家の作用」と定義される。この司法権の概念の中核をなすのが、「具体的な争訟」である。これは裁判所法3条1項の「一切の法律上の争訟」と同じ意味であるとされる。最高裁は、法律上の争訟とは、①「当事者間の具体的な権利義務ないし法律関係の存否に関する紛争」であって、かつ、②「それが法律の適用によって終局的に解決し得べきもの」であると解している（判例②）。①は、裁判所の救済を求めるには、原則として自己の権利または法律によって保護される利益（以下、「権利等」とする）が侵害されている必要があることを意味する。つまり、権利等が侵害されていないのに、抽象的に法令の解釈または効力を争うことはできない。②について、具体的な紛争があっても、法の適用によっては終局的に解決できないものがある。たとえば、国家試験の合否についての争いは、学問上・技術上の知識、能力、意見等の優劣、当否の判断を内容とする行為であるから、法律を適用して解決できるものではないとされる（判例⑧）。他にも、単なる事実の存否、個人の主観的意見の当否などについては、①と②の双方の要件をみたさないとされる。

(2) 法律上の争訟ではなくても裁判所が判断することがある？

　このように、①、②の要件を欠いた訴訟は、「法律上の争訟」に当たらないため、裁判所の審査権の対象外となる。しかし、その例外として、客観訴訟という、法律上の争訟でなくても裁判所が司法権を行使できる場合がある。客観訴訟とは、「当事者の具体的な権利利益とは直接にかかわりなく、客観的に、行政法規の正しい適用を確保することを目的とする訴訟」である。具体的には、議員定数不均衡訴訟や愛媛玉串料訴訟などがある。たとえば、愛媛玉串料訴訟

では、権利の侵害があったかどうかにかかわりなく、公金から玉串料を支出したこと自体の違法性が問題となった（判例㉖）。他にも、行政機関相互の間の訴訟もある。行政機関は、権利義務の主体ではない、つまり権利を侵害されるということはないが、法律で認めている場合には訴訟を提起することができる。たとえば、2019年には、総務省がふるさと納税の新制度から泉佐野市を除外したのは違法であるとして、同市が取消しを求めて提訴した訴訟がこれに当たる。

　客観訴訟は、上記の法律上の争訟の定義には当たらず、裁判所法3条1項にいう「その他法律において特に定める権限」に属するとされる。これに対して、従来の司法権の概念を問い直す動きもある。たとえば、司法権を「適切な提訴を待って、法律の解釈・適用に関する争いを、適切な手続の下に、終局的に裁定する作用」とする考え方や、「憲法上の司法を、具体的事件の法的解決の作用として捉えつつ、『事件』を『法律上の争訟』よりも広い概念として捉えなおす」考え方である。これらの考え方は、従来の司法権の概念を拡大するものであり、客観訴訟も司法権の概念に含もうとするものである。

2　違憲審査制

(1)　違憲審査制とはどんな制度？

　日本国憲法は、「国の最高法規であって、その条規に反する法律、命令、詔勅及び国務に関するその他の行為の全部又は一部は、その効力を有しない」とされる（98条1項）。そして、81条は、「最高裁判所は、一切の法律、命令、規則又は処分が憲法に適合するかしないかを決定する権限を有する終審裁判所である」と規定している。つまり、ある法律等が憲法に違反するか否かを判断する権限を有するのは裁判所である。このような制度を違憲審査制と呼ぶ。

　違憲審査制には、①特別に設けられた憲法裁判所（国によって名前は様々）が、具体的な争訟と関係なく抽象的に違憲審査を行う方式（抽象的違憲審査制）と、②通常の裁判所が、具体的な争訟事件を裁判する際に、その前提として事件の解決に必要な限度で、適用法令の違憲審査を行う方式（付随的違憲審査制）がある。

(2)　抽象的違憲審査制を導入することは可能か

　日本国憲法がどちらを採用したのかについては争いがある。通説は、憲法81条が第6章「司法」に置かれていること（つまり、違憲審査は司法権の舞台の上で

行使されることが予定されている）、抽象的違憲審査についての提訴権者や手続、判決の効力などについての規定がないことなどを理由に、付随的違憲審査制を採用したものであるとする（A説）。この立場に立つと、抽象的違憲審査権を導入することは不可能となる（ただし、上述のように司法権を広く捉える考え方に立つと、一定の抽象的違憲審査権も司法権に含まれる＝抽象的違憲審査制の創設も憲法上許されるという立場もありうる）。すなわち、具体的な争訟でなければ、原則として違憲審査の対象とはならないことになる。

　これに対して、憲法81条は、裁判所が付随的違憲審査権を有することは前提としたうえで、抽象的違憲審査制も認めているとする立場もある。この立場は、81条は、「合憲性の決定権」と「終審裁判所としての審査権」の両者を規定したものと読む。この立場に立つと、出訴権は誰にあるのかが問題となる。これについては、抽象的違憲審査権を行使するために、そのための手続法を制定することが必要とする説（B1説）と、その必要はない（法律がなくても出訴できる）とする説（B2説）とがある。

　この問題について、最高裁が判断したのが警察予備隊訴訟（判例①）である。最高裁は、もし最高裁が抽象的違憲審査権を行使できるならば、法律命令等が違憲であるかどうかを争う訴訟が頻発すると指摘する。そして、その場合には、最高裁はすべての国権の上に位する機関であるかのようになってしまい、三権が独立して、その間に均衡を保ち、相互に侵さざるという民主政治の根本原理に反することになってしまうおそれがあると述べる。そして、「現行の制度の下においては、特定の者の具体的な法律関係につき紛争の存する場合においてのみ裁判所にその判断を求めることができるのであり、裁判所がかような具体的事件を離れて抽象的に法律命令等の合憲性を判断する権限を有するとの見解には、憲法上及び法令上何等の根拠も存しない」と述べる。

　この立場は一般的にA説に立つものと理解されている。すなわち、通説・判例とも憲法81条が規定する違憲審査制は、付随的違憲審査制であると理解している。しかし、このような見解に対して、警察予備隊訴訟について、異なる解釈が可能であるとの主張がある。同訴訟では、最高裁は、「現行の制度の下においては」、裁判所が抽象的違憲審査権を有するとの立場には、「憲法上及び法令上何等の根拠も存在しない」と述べている。つまり、法律で必要事項を定め

れば、抽象的違憲審査を認めることができるとも読むことができる（B1説）。

　なお、そもそも「抽象的違憲審査制」対「付随的違憲審査制」という対立軸は、誇張あるいは過度に単純化されたものであるという指摘がある。抽象的違憲審査制の典型例であるとされるドイツでも、裁判所が、担当した具体的事件に適用すべき法律が違憲であると確信するときには、審理を中断してその法律の合憲性の判断を憲法裁判所に求める制度（具体的規範統制）や、公権力によって自己の基本権が侵害された者が、一定の条件の下で憲法裁判所に出訴できる制度（憲法異議）がある。これらは付随的違憲審査制に近い。他方で、付随的違憲審査制の典型例とされるアメリカでも、違憲確認のための宣言的救済や、司法権の範囲の拡張により、抽象的違憲審査に近づいた面もあると指摘される。このように、両者は合一化傾向にあるとしばしば言われている。

3　勧告的意見の可能性

　抽象的違憲審査制や付随的違憲審査制とは違う制度として、勧告的意見がある。このような制度を、憲法上認めることができるのかについて、争いがある。

(1)　勧告的意見とはどんな制度か

　アメリカでは、憲法制定前後に、勧告的意見の導入をめぐって議論がなされていた。しかし、1793年に、勧告的意見を求めるジェファーソンに対して、最高裁がこれを拒否した。最高裁によれば、権力分立の観点から、最高裁が裁判外で判断を下すことはできない。これ以降、勧告的意見は憲法上禁止されているとの立場が一般的になった。多くの州は、連邦と同様、勧告的意見は司法権の範囲外であるという立場を維持している。これに対して、10余りの州では、勧告的意見が認められている。勧告的意見を導入している多くの州では、知事、と議会双方が諮問権者となっている。対象は州によって様々であり、広く認める州もあるが、多くの州では憲法や法律に関する重要な問題などに限定している。

　カナダでは、最高裁判所法53条が、総督は、憲法法律の解釈、連邦または州の法律の憲法適合性または解釈などに関する重要な法律および関連する事実の問題について、最高裁判所に対して勧告的意見を求めることができる旨規定している。その場合、最高裁は、それを審理し勧告的意見を出すことが義務付け

られている。意見を求められた事案は、通常の訴訟事件と同様の方法で審理され、裁判所の意見は通常の判決と同様の質を備えていると言われる。

アメリカ、カナダともに付随的違憲審査が主要なものであり、勧告的意見は補助的なものと理解されている。勧告的意見は、重要な問題を迅速に審理することができる、違憲の法律による人権侵害を事前に防ぐことができる、などの利点が挙げられる。これに対して、裁判所が政治的紛争に巻き込まれる、抽象的な問題について、裁判官が適切な判断を下すことができない、などの問題も指摘されている。手続面の欠陥を批判する意見もあるが、これは制度を改善することである程度克服できると考えられている。

(2) 日本で勧告的意見を導入することは可能か

それでは、日本で勧告的意見を導入することが憲法上認められるだろうか。ある有力な考え方は、司法権を法原理部門であると考え、政治部門と区別する。そして、裁判所法3条1項により裁判所に付与される権限は、①法原理部門としての裁判所のあり方にふさわしく、裁判による法原理的決定になじみやすいものでなければならず、②その決定には終局性が保障されなければならないとする。この立場は、裁判所に与えられる権限は、具体的な事件・争訟性を擬するだけの実質を備えているものでなければならないとして、勧告的意見を明確に否定する。

これに対して、最高裁判所の司法裁判所としての本質に反しない限度で、法律によって憲法裁判所的権限を付与できるとする立場から、勧告的意見を認める意見もある。この考え方は、憲法が、憲法の最高法規性を認め、最高裁判所を一切の立法や処分の合憲性審査の終審裁判所とし、さらに最高裁判所の裁判官に対しては国民審査による国民の民主的コントロールが及ぶものとしていることを根拠とする。上記①、②に対しては、これを否定しないが、厳格に適用しなければならないものではないとする。そのうえで、提訴権者、審査対象事項、対審的手続、付随審査との関係の調整等の問題を十分考慮すれば、最高裁判所の司法裁判所としての本質と十分両立しうるとする。

21 裁判官は SNS で意見を発信できないのだろうか？
◉裁判官の表現の自由

できごと

　京都地方裁判所判事補のＹは、「自衛隊による他国への武力行使や紛争地域への派遣などを定めた法律」（いわゆる「安保法」）に以前から関心を持ち、個人として、撤廃を求めたいという意向を有していた。

　Ｙは、自らが裁判官であると明らかにした SNS のアカウントを持っていた。Ｙは、そのアカウントを用いて、法律的な問題や日常的な事柄など、様々なツイートをしていた。そんな中、安保法に反対し、撤廃を求める団体のアカウントで投稿された、その団体が主催する「つぶせ、安保法！　大集会」というシンポジウムが2019年10月27日に開催されるという案内について、Ｙは、自分のアカウントを用いて、2019年10月10日に、「いいね！」のボタンを押して、拡散した。

　また、Ｙは、自分のアカウントを用いて、2019年11月１日に、「やはり安保法は、憲法に違反するので、すぐに廃止すべきです」というコメントを SNS に投稿した（なお、Ｙが2019年10月10日に「いいね！」のボタンを押した投稿とは全く別の、新規の投稿である。）。

　こうしたＹの言動に対し、同裁判所長Ｘは、分限裁判を申立てた。その内容は、Ｙが、安保法反対の意思を表明するコメントや「いいね！」の発信をすることで、同法案の撤廃を目指す政治活動を積極的に支援したなどとして、Ｙが行った行為は、裁判所法52条１号の禁止する「積極的に政治活動をすること」に該当するとして、同法49条所定の職務上の義務違反を理由に、Ｙを懲戒処分（戒告）に付すべきである、というものであった。

考えてみよう憲法問題

1　はじめに

　本稿を読んでいる多くの読者は、裁判官ではない立場の市民であろうと思われる（もちろん、これから裁判官を目指す、という方もおられるであろう）。

しかしながら、裁判官も市民の一員であり、他の国民とともに、憲法上の権利を享受する立場にある。市民は、社会において活動を行う中で、それぞれの立場で、活動に一定の制約を受ける。この制約は、たとえば、民間企業に就職した場合の守秘義務の問題など、民事的な事柄も含めての話であり、必ずしも憲法上の問題とは直接関係のないことも多いであろう。本稿で問題となる裁判官の話も、読者にとって遠い話ではなく、人が社会活動をする上で、制約、制限を受ける場合の1つというイメージを持っていただければ幸いである。

2　裁判官に対する政治活動の禁止

さて、裁判官も、国家公務員の一員である。一般職の国家公務員（一般の、または通常の国家公務員というイメージ）の場合、国家公務員法102条およびこれを受けた人事院規則14−7があり、行政府に属する一般職の国家公務員の政治的行為を一定の範囲で禁止している。この規定の憲法上の問題点についても、大きく議論があり、数多くの判例や論文が存在するところであるが、本稿では必要な限度で説明するにとどめる。

裁判官に対しては、これとは別に、裁判所法52条1号において、「積極的に政治活動をすること」が禁止されている。本件では、Yの言動がこの規定に当たるかどうかが問題となっている。

3　表現の自由と政治活動の禁止との関係をどう考えるか

(1)　問題の所在

本件では、YのSNSでのコメントなどが、裁判所法52条1号に該当するかが問題とされている。そこで、Yについて、憲法21条1項の定める表現の自由が制約されることになるから、その制約が違憲ではないかが問題となる。

どの人権も、無制限に許されるわけではなく、一定の場合、制約される場面もある。制約が許される可能性がある場面で一番典型的なのは、他の人権と衝突する場面だが、いずれにしても、その制約が憲法上許されるのかを検討しなければならない。そこで、本件で制約される表現の自由を検討し、その上で、裁判官にとって、表現の制約が憲法上どの程度許容されるのかを検討することになる。

(2) 表現の自由の保障

　まずは、基本的事項として、表現の自由について概説する。

　裁判所が憲法適合性の判断を行う際、精神的自由を規制する立法については、経済的自由を規制する立法に比べて、厳しい審査基準が適用される。これは、いわゆる「二重の基準論」と呼ばれる考え方で、精神的自由の価値が相対的に高い上に、民主制の過程を支える精神的自由は「こわれ易く傷つきやすい」権利であり、民主制の正常な過程を裁判所が回復しなければ、自ら回復することが難しいから、などと説明されてきた。

　そして、精神的自由の中でも、表現の自由は重要な権利だと考えられている。その根拠は、次のようなものとされている。①個人の人格の形成と展開（個人の自己実現）にとって、また、②民主制の維持・運営（国民の自己統治）にとって、不可欠であり、それゆえに、「表現の自由の優越的地位」があると言われる。そして、思想の自由市場、すなわち、思想を自由競争させれば、真理へ到達するということも、表現の自由の意義であると説かれる。

　そして、政治的な意見表明は、主権者たる国民がその自由な言論活動を通じて政治的意思決定に参与することに資するものであるから、表現の中でも、特に価値が高い、とされる。

　もっとも、どのような表現でも、無制限に許されるわけではない。一定の場合、制約される場面もある。一番典型的なのは、他の人権と衝突する場面だが、その制約が憲法上許されるのかを検討しなければならない。

　そこで、表現の自由に対して制約があった場合、どのような判断基準をもって検討すべきか。学説と判例がかなり相違しており、一概に説明することはできないが、一般に、表現の形態、規制の目的・手段等を具体的に検討している。①表現の内容に関する規制（内容規制）か、②時・場所・方法等に関する規制（内容中立規制）か、③表現の発表前か後か（事前抑制か事後抑制か）、④漠然・不明確、過度に広汎な規制ではないか、など、いくつかの視点からの類型化を図り、それぞれについて判断基準を作り出している。

　本件で問題となるのは、裁判官の政治的な表現の自由を規制することは、まさしく、①内容規制なのではないか、という問題である。仮に、表現の自由を規制する法律が①内容規制なのであれば、表現の自由を直接に制約するとし

て、厳しく審査されることになる。これに対し、②内容中立規制だとすれば、①内容規制ほどの審査は求められないこととなる（後記5⑸に記載するように、最高裁は、①内容規制ではなく②内容中立規制として捉えているようである）。

⑶　裁判所法52条1号の合憲性審査の手法について

さて、以上を前提として、裁判所法52条1号が裁判官に対して「積極的に政治運動をすること」を禁止していることの是非を検討したい。

容易に考えつく流れとしては、①同法52条1号が憲法に適合しているかの判断を判断し、その上で、②合憲であれば、Yの行為が同法52条1号に当たるかどうかを判断する、という流れである。

ところが、事例の参考となった事件（判例㉗㊹）について、最高裁は、そのような判断構造を取っていない。最高裁は、まず裁判所法52条1号の憲法適合性を審査することをせず、最初に、憲法的価値を踏まえて、同法52条1号の解釈を行っている。こうした判断構造に対しては批判や異論も多いが、まずは最高裁決定に沿って、同法52条1号の解釈を行う。

4　裁判所法52条1号の禁止する行為について

⑴　「積極的に政治活動をすること」について

裁判所法52条1号の「積極的に政治活動をすること」とは、具体的に、どのような場合を指すのかである。

上記のような表現の自由の価値を前提に、あえて「積極的に」という表現となっている以上、かなり限定された場合にしか該当しない、という考え方も十分にありうる。

たとえば、本件のように、国民的な議論のある課題につき、法律実務家として個人的な見解を述べることは、まさに、表現の自由の行使として考え得る場面であり、何ら積極的な政治活動をしたわけではない、とすることも十分に考えられる。

⑵　「積極的に政治活動をすること」についての最高裁の考え方

これに対し、最高裁は、組織的、計画的または継続的な政治上の活動を能動的に行う場合であって、裁判官の独立および中立・公正を害するおそれがあるものが、「積極的に政治活動をすること」に該当する、とする。その上で、具

体的な行為の該当性の判断に当たっては、行為の内容、行為が行われるに至った経緯、行われた場所等の客観的な事情のほか、その行為をした裁判官の意図等の主観的な事情をも総合的に考慮して決める、とした。

こうした最高裁の考え方は、一見、「積極的に政治活動をすること」の適用範囲を限定しているように見えるが、実際の裁判官の行為に、どのように適用されるかが問題である。

5 裁判所法52条1号は憲法21条に違反しないか

(1) 裁判所法52条1号についての最高裁の違憲審査基準

最高裁は、裁判所法52条1号の解釈をした後に、ようやく、同号の憲法判断に踏み込んでいる。

上記3で述べたような表現の自由の重要性からすれば、裁判所法52条1号は、表現の自由を制約する法律なのであるから、その憲法適合性の審査については、厳しい判断基準で望むべき、となるようにも思える。たとえば、まず同法52条1号について、規制の態様、規制目的、規制手段などを厳しく審査することになるようにも思われる。

ところが、最高裁は、必ずしもそのように考えず、次のように判示している。

「もちろん、表現の自由は、基本的人権の中でも極めて重要なものである。その保障は裁判官にも当然に及ぶものの、憲法上の他の要請により制約を受けることがある。裁判官に対する政治的運動の禁止の要請により、裁判官に対して積極的に政治活動をすることを禁止することは、必然的に裁判官の表現の自由を一定範囲で制約することにはなるものの、その制約で合理的で必要やむを得ない限度にとどまるものである限り、憲法の許容するところであるといわなければならず、禁止の目的が正当であって、その目的と禁止との間に合理的関連性があり、禁止により得られる利益と失われる利益との均衡を失するものでないなら、憲法21条1項に違反しない。」

(2) 最高裁の憲法判断をどう考えるか

このような最高裁の考え方は、かつての一般職の国家公務員の政治的活動の禁止に関する裁判所の判例と同様の流れであるが、そもそも、一般職の国家公務員と裁判官とでは、憲法上・法律上の根拠も役割も全く異なるのであるから、

同様の基準でよいのであろうか。加えて、表現の自由の制約を判断する基準としては緩すぎるのではないかなど、異論も多い。

　本事例の参考となった最高裁の判例は1998年のものであるが、その後、2012年には、国家公務員の政治的活動の禁止に関する新しい判例（判例㊵）が出ており、裁判所のスタンスが変わっているとも評価されているので、ぜひ、検討いただきたい。

(3)　裁判所法52条 1 号の憲法適合性審査（目的審査）

　以下では、一応、最高裁の立てた審査基準に基づいて、検討してみたい。

　まず、禁止する目的について。最高裁の決定によれば、裁判所法52条 1 号は、裁判官の独立および中立・公正を確保し、裁判に対する国民の信頼を維持するとともに、三権分立主義の下における司法と立法、行政とのあるべき関係を規律することを目的としている。

　裁判所法52条 1 号の目的をこのように捉えると、目的は正当という評価に近づきやすい。もっとも、裁判官の中立・公正と国民の信頼という抽象的な目的をどこまで重視するか、である。抽象的な目的のために、表現の自由という重要な権利を制約してもよいのか、という悩みは残る。そしてこの観点は、(4)の検討にも影響を及ぼすこととなる。

(4)　合理的関連性の審査

　禁止する目的と禁止との間に合理的関連性があるか。一般に、目的が正当と認められれば、合理的関連性もあるという結論になりやすい。しかし、(3)で述べたとおり、目的が抽象的なものだとすると、本当に合理的関連性があるのかが問われなければならない。

(5)　利益衡量についての審査

　そして、禁止により得られる利益と失われる利益とを比べて、均衡を失するものと言えるか、である。

　失われる利益は表現の自由という重要な人権であるのに対し、禁止により得られる利益は、裁判官の中立・公正と国民の信頼という抽象的な目的であるから、表現の自由の方が勝る、と考えることもできる。

　最高裁は、積極的な政治活動を禁止すれば、意見表明の自由が制約されることにはなるものの、それは単に行動の禁止に伴う限度での間接的、付随的な制

約にすぎない、とする。最高裁は、禁止により得られる利益は、裁判官の独立および中立・公正を確保し、裁判に対する国民の信頼を維持するものであって重要である、という立場に立っているようである（この最高裁の理由付けも、2012年の判決以後は変更されている可能性がある。）。

最高裁は、1998年の判例では、裁判所法52条1号により裁判官の積極的な政治活動を禁止することは、憲法21条1項に反しないとしたのであるが、この点をどう考えるか、検討していただきたい。

6　Yの行為は裁判所法52条1号に違反するのか

裁判所法52条1号が憲法に違反しないとしても、Y判事補がSNS上で意見を表明したことが52条1号に当たるのか否かは、別問題である。以下では、これを検討してみたい。

(1)　1998年最高裁決定について

1998年最高裁決定は、本事例とは異なり、裁判官が、ある法案に反対する集会に参加した、という事例であったが、最高裁は、集会を党派性があるとして、そのような集会に出て発言を行うことは、国会に対し立法行為を断念するよう圧力をかける行為であり、単なる個人の意見の表明の域を超え、当該裁判官の言動は、法案を廃案に追い込むことを目的として共同して行動している諸団体の組織的、計画的、継続的な反対運動を拡大、発展させ、その目的を達成させることを積極的に支援し推進するものであり、裁判官の職にある者として厳に避けなければならない、などとして、裁判所法52条1号に該当する、とした。

もっとも、最高裁の考え方には、裁判官自体の行為ではなく、集会の性質により判断されているなどの批判もある。

(2)　本件の事例についての検討

本稿の事例でY裁判官が取った行動は、①集会の案内に「いいね！」をした行為と、②法律を廃止すべきだとコメントする投稿の2つに分かれる。それぞれについて、本当に法律への反対運動の支援になるのか、厳密に検討される必要がある。

たとえば、①であれば、「いいね！」をすることは、その元となった投稿の趣旨に全面的に承認したと評価されるのか。

また、②は、反対運動に賛同するような性質の行為ではなく、完全に一個人としての意見表明である。もともと、裁判官が公的な審議会や学術論文などで法律について一定の見解を述べることは、裁判所法52条1号に当たらないと考えられている。それと対比して、同様の行為という考え方もありうる。こうした考え方に立つ場合、1998年最高裁決定のような、集会に直接出席したという事例と、どのように異なるのかを、分析する必要がある。

7　政治的な内容ではない SNS への投稿について

　政治的な表現に関わらない問題として、近時、裁判官の表現の自由が話題となっている。裁判官が、自らを裁判官と明らかにした上で、SNS 等で、自分が関わっていない裁判所の判決（政治的な事件ではない）についてコメントした場合に、それが、裁判所法49条の規定する「品位を辱める行状」にあたって、懲戒になるのか、ということである。

　裁判官の独立、中立・公正や、裁判に対する国民の信頼などを一定確保する必要はあるとしても、政治的な表現に比べれば、独立、中立・公正等を保護する必要性は低い、とも考えられる。

　そして、一般的には、法律専門家である裁判官が、判決を国民に紹介することは、司法や裁判に対する国民の信頼について、むしろ資するのではないか。そうすると、裁判官の表現の自由を制約する場面はかなり限定されるのではないか。

　これに対し、政治的な表現の方が、それを含まない表現に比して表現の価値が高く、より保護の要請が高まると考えれば、政治的な表現に関する本稿の事例の方を保護すべき、という結論になるかもしれない。

　もっとも、最高裁は、2018年決定において、「品位を辱める行状」につき、「職務上の行為であると、純然たる私的行為であるとを問わず、およそ裁判官に対する国民の信頼を損ね、又は裁判の公正を疑わせるような言動をいう」という、非常に広汎かつ抽象的な解釈を行っている。

　ここにおいては、表現の自由の重要性をほとんど顧みることなく、裁判所法49条の解釈が行われている。最高裁は、「憲法上の表現の自由の保障は裁判官にも及び、裁判官も一市民としてその自由を有することは当然であるが、……

上記行為は、表現の自由として裁判官に許容される限度を逸脱したものといわざるを得ないものであって、これが懲戒の対象となることは明らかである。」と述べるだけであり、上記の1998年決定と比べても、表現の価値をほとんど考慮していないように見える。

　もちろん、SNS への投稿の内容や表現方法が、名誉毀損と評価すべきものになるなど、具体的な事案で、懲戒事由に該当する場合もあり得ようが、裁判官にも保障が及ぶ表現の自由について、ほとんど考慮しないことが妥当なのであろうか。

　本稿の事例と対比して検討していただければ幸いである。

22 即位を辞退することもできるのだろうか？
◉皇族が即位しない権利

できごと

Xは天皇であるYの次男として誕生した。父であるYの退位に当たり、Xの兄である Z が新たな天皇として即位したものの、Z には男の子どもがなかったため、Xの皇位継承順位が第1位となり、Z の死亡時には皇位を継承することとなった。Z は即位時に59歳、YはZ の即位時に53歳である。

Xは、天皇の位につくものは、象徴天皇として国事行為のみならず、被災地の訪問や全国への巡幸、皇室外交などの様々な象徴的行為を積極的に行うべきであるとの考えを有していた。加えて、天皇として国民から親しまれ支持されるためには、最低でも10年は天皇の地位にあることが重要であるとの考えも有していた。このような考え方について、Xは以下のような形で国民に表明した（即位辞退発言）。

「わたくしは皇族の一員として、天皇のあるべき形、象徴としての務めの意味について、常に考えを巡らせてきました。特に、父である上皇陛下の退位以降、皇嗣として天皇の位を引き継ぐ責任の重みと向き合った時、あまり高齢になった状態で即位をすることでは天皇の役割を全うすることはできないのではないかと考えるにようになりました。

　上皇陛下の天皇としてのなさりようと、高齢によりご退位の意向を表明されたことに思いをいたしますと、仮にわたくしが皇位を引き継ぐことになった場合でも、わたくしが70歳を超える年齢になっていた場合、皇位を引き継ぐ象徴としての役目を果たすことは難しくなるように思われます。この場合、わたくしの皇位継承順位は1位であったとしても、皇位の継承を辞退することが望ましいのではないかと思うようになりました。」

Xの上記のような表明に対し、国会は別段の立法措置を行わず、また政府も皇位継承についてはXの表明に左右されず、変更なく行われるとのコメントを発表した。

①Xが上記のような意思表明をしたことについて、憲法学の見地からはどのような問題があるだろうか。
②Xには憲法上、即位をしない自由は認められるだろうか。

1　明仁天皇の退位

　2019年、天皇であった明仁は退位し上皇となり、かわって徳仁が天皇として即位した。生前に天皇が退位するのは、明治天皇の曽祖父にあたる光格天皇以来のことであり、日本が近代憲法を採用して以来はじめてのことである。

　この退位に当たっては、事実上のきっかけが2016年8月の明仁の「おことば」であったこと、憲法にも皇室典範にも退位の規定がなく天皇の地位は終身を想定していると思われることなどから、憲法学においても大きな議論を呼び起こすものとなった。すなわち、「おことば」自体が天皇の政治的行為を禁じた憲法4条に違反するのではないかという点、退位の根拠となる皇室典範特例法が事実上天皇の意思に基づいたものであるとすれば天皇の政治的意思に基づいた立法がなされたこととなり象徴天皇制の根幹を揺るがせるのではないかという点、終身制を廃し退位を認めれば時の権力者による恣意的な即位・退位が生じるのではないかという点、本来憲法上想定されていない被災地訪問等を行うことが困難になることを理由とする退位は憲法が定める象徴天皇像を変質させるのではないかという点など、様々な論点から議論が行われた。

　加えて、徳仁の即位に先んじて、弟で皇嗣となることが予定されていた文仁が「兄が80歳のとき、私は70代半ば。それからはできないです」と高齢での即位に否定的な発言を行った旨も報道された。(朝日新聞2019年4月21日朝刊1面)。高齢による退位が認められるのならば、同じ理屈で高齢や身体の軽微な故障による即位の辞退も認められるのかも、問題となりかねない。

　天皇の即位は古来より、それ自体政治的な要素を含むものであり続けた。また、後述するように憲法が天皇の政治的活動を禁じ、政治利用を防ぐ建付けになっていることからすると、天皇の意思による退位や即位の拒否は、それをにおわせる発言をすることも含め、それ自体、憲法上許容されるか否かが問われることとなる。以下、この問題について考えてみよう。

2 皇室典範

(1) 皇籍離脱のルール

日本国憲法は第1章で天皇について規定しているが、天皇の退位や皇族の皇籍離脱についての憲法上の規定は存在せず、皇室典範に委ねられる。

皇室典範では、天皇の嫡出の皇子および嫡男系嫡出の皇孫である親王、内親王と、三世以下の嫡男系嫡出の子孫である王、女王について、次のように皇籍離脱の規定を定めている。

第11条　年齢十五年以上の内親王、王及び女王は、その意思に基き、皇室会議の議により、皇族の身分を離れる。

2　親王（皇太子及び皇太孫を除く。）、内親王、王及び女王は、前項の場合の外、やむを得ない特別の事由があるときは、皇室会議の議により、皇族の身分を離れる。

第12条　皇族女子は、天皇及び皇族以外の者と婚姻したときは、皇族の身分を離れる。

第13条　皇族の身分を離れる親王又は王の妃並びに直系卑属及びその妃は、他の皇族と婚姻した女子及びその直系卑属を除き、同時に皇族の身分を離れる。但し、直系卑属及びその妃については、皇室会議の議により、皇族の身分を離れないものとすることができる。

第14条　皇族以外の女子で親王妃又は王妃となつた者が、その夫を失つたときは、その意思により、皇族の身分を離れることができる。

2　前項の者が、その夫を失つたときは、同項による場合の外、やむを得ない特別の事由があるときは、皇室会議の議により、皇族の身分を離れる。

3　第1項の者は、離婚したときは、皇族の身分を離れる。

4　第1項及び前項の規定は、前条の他の皇族と婚姻した女子に、これを準用する。

皇室典範によれば、皇籍を離脱できる7パターンのうち、結婚や離婚と関係なく皇籍を離脱できるのは、①15歳以上の内親王、王、女王が自らの意思に基づき、皇室会議の議を経て離脱する場合、②皇太子、皇太孫を除く親王、内親王、王、女王にやむを得ない特別な事由があり、皇室会議の議を経て離脱する場合のみである。したがって、女性皇族と王は自らの意思で皇籍を離脱することが可能である一方、皇位継承の可能性の高い親王については原則として皇籍離脱はできず、また、皇太子（皇嗣）および皇太孫についてはそもそも皇籍離脱の定めがない。11条2項の規定を見れば、皇太子および皇太孫は皇籍を離脱できないと解するべきであろう。なお、日本国憲法下での①による皇籍離脱

は、1947年の旧宮家の離脱が唯一の事例である。

(2) 世襲のルール

一方、天皇の地位の継承については憲法2条に「皇位は、世襲のものであつて、国会の議決した皇室典範の定めるところにより、これを継承する」と規定される。これにつき、皇室典範は次のように規定している。

第1条 皇位は、皇統に属する男系の男子が、これを継承する。

第2条 皇位は、左の順序により、皇族に、これを伝える。

（略）

第3条 皇嗣に、精神若しくは身体の不治の重患があり、又は重大な事故があるときは、皇室会議の議により、前条に定める順序に従つて、皇位継承の順序を変えることができる。

このように、皇室典範では皇位継承順位が規定される他、3条において皇位継承の順序の変更が規定されている。ただし、順序の変更は皇嗣の精神・身体の不治の重患か、重大な事故が要件となっているため、皇嗣他の皇族が自らの意思によって継承順位を変更することは想定されていない。

(3) 即位の辞退

日本の憲政史上、皇位継承者の即位の辞退が議論の俎上にのぼることはほとんどなく、また、明仁天皇の生前退位の際にもこの問題はほとんど取り上げられていない。わずかにこの問題が議論された場合でも、具体的な論点に踏み込んだものは皆無といってよい。

ただし、明仁の退位が認められるきっかけとなったのは、高齢ゆえに象徴としての職務を果たすことが困難となったことであり、この理由が成り立つのなら、高齢による退位の辞退や、その他の理由による即位の辞退を念頭に置く必要があるだろう。実際、明仁天皇の退位をめぐる議論の中で、皇位継承者が即位を辞退する可能性についていくつかのの言及がある。

たとえば、2017年1月23日に天皇の公務の負担軽減等に関する有識者会議により出された「今後の検討に向けた論点の整理」では、「天皇の自由な意思に基づく退位を可能とすれば、即位後ごく短期間での退位も可能となるので、即位しないことも可能としなければ均衡が取れないのではないか。そうなれば、

憲法が定める世襲制を維持することが難しくなるのではないか。」との懸念が示されている。

　また、2019年2月27日の衆議院予算委員会第一分科会において、津村啓介衆議院議員より、皇嗣が高齢などを理由に皇位の継承を望まない場合、皇室典範でどのように解されるのか、3条の定める重大な事故に該当するのかしないのかについて質問がなされている。西村宮内庁次長からは回答を差し控える旨の答弁がなされたにとどまるが、現在の皇室構成からみて、今後このような議論が活発になる可能性がある。

3　できごとの検討

(1)　即位辞退発言の問題点

　できごとの即位辞退発言について参考となるのは、2016年に明仁によって出された「象徴としてのお務めについての天皇陛下のおことば（以下、「退位発言」とする）」と、それにともない2017年に制定された「天皇の退位等に関する皇室典範特例法（以下、「特例法」とする）」をめぐる憲法問題である。退位発言で明仁は、「憲法の下、天皇は国政に関する権能を有し」ないことを踏まえつつ、高齢となった天皇が「全身全霊をもって象徴の務めを果たしていくことが、難しくなる」こと、仮に摂政を置いたとしても「天皇が十分にその立場に求められる務めを果せぬまま、生涯の終わりに至るまで天皇であり続ける」ことなどから、生前退位の必要性を示唆した。これに呼応する形で、明仁の生前退位を認める特例法が制定された。特例法は1条で「天皇陛下が……83歳と御高齢になられ、今後これらの御活動を天皇として自ら続けられることが困難となることを深く案じておられる」として、明仁の個人的事情から例外的に生前退位を認めるという、異例の形式となっている。

　退位発言については、天皇の政治関与を禁じた憲法の規定に違反する可能性が指摘されている。日本国憲法4条1項では、「天皇は、この憲法の定める国事に関する行為のみを行ひ、国政に関する権能を有しない」とされる。これに加え、6条、7条で天皇の行う国事行為について列挙していることから、天皇は政治的権能を有さず、法律によって新たに天皇の権能を付け加えることも禁止される。

したがって、食事やコンサートへの参加などの純粋に私的な行為を除けば、憲法上は国事行為のみを行うことが想定されている。もっとも、実際問題として、天皇は国会の開会式に参加し「おことば」を述べ、外国元首とのレセプションや会見、災害に当たって被災地を訪問するなど、明確に国事行為から外れた行動をとっている。いうまでもなく、これらを私的行為ということは無理がある。公的行為ないし象徴的行為と呼ばれるこれらの行為について、天皇は国家機関として一定の国事行為をなす公人であり、また象徴的役割を果たすことも求められるため、そのような公人としての社交的・儀礼的行為として正当化されるとする説が有力である。当然、公的行為は天皇の政治への関与となってはならず、内閣の統制が及ぼされ、内閣が責任を負う形で行われなければならない。

　ところが、退位発言は法改正・制定を促す政治的な発言とみなすことができる。皇室典範は４条で「天皇が崩じたときは、皇嗣が、直ちに即位する」と規定されていることから、天皇の終身制を想定していると思われる。すなわち、生前の退位のためには皇室典範の改正や特例法の制定が必要となる。したがって、実際に退位特例法が制定されているように、生前退位を望むような発言は単なる自身の立場の問題を越えて、皇室制度の変更を求めるものとなる可能性がある。ただし、退位発言についてはその内容から政治への関与に至っておらず、またこの発言を理由とした特例法の制定も憲法上許容範囲であるとする立場もある。

　では、できごとの即位辞退発言はどのように理解されるべきであろうか。まず、憲法４条は天皇についての条項であり、皇族についての言及があるわけではない。皇族の政治活動が天皇と同じく制約されるのか、あるいは制約されているとしてもその程度が天皇と同程度であるのか否かは１つの論点となるだろう。もっとも、天皇制が天皇、皇位継承候補者とその家族を「門地」によって国民から区別される存在──すなわち平等原則の例外──として位置付けていることからすれば、門地の中にいる皇族も同様の制約を課されるとする考え方はありえよう。加えて、皇室典範の中でも皇位の継承が予定される皇太子や皇太孫が特殊な位置付けにあることを考えれば、皇嗣の行為については天皇に準じた扱いが求められよう。

皇室典範は即位の順番を規定しており、皇位継承者の意思によってこれを変更することを想定していない。とすると、できごとのような発言は、皇室典範の改正や自身の即位自体のための特例法の制定を求める発言と捉えることもできる。したがって、明仁の退位発言と同様に、天皇の政治への関与を禁ずる憲法との整合性が問われることとなろう。

⑵　即位をしない自由はあるか

　もっとも、天皇や皇族も人間である以上、年もとり、また自らの望む自由な生き方を実現する人権があると主張することもありうるだろう。この点、天皇の地位のあり方や、天皇に人権享有主体性があるのか否かが論点となる。

　まず、天皇は象徴という特殊な存在であることから、地位の特殊性に基づく法的特例を享受する。たとえば天皇は刑事訴追を受けない特権を有すると解される。（明文の規定はないものの、摂政および国事行為臨時代行者が不訴追であることから類推される。）また、最高裁は天皇の象徴としての地位から、民事裁判権が及ばないものと解している。

　このような特権を享受することの裏返しとして、天皇の人権享有主体性は一般には否定される。佐藤幸治の整理によれば、学説は、天皇および皇族は人権享有主体である国民であるが、天皇の職務と世襲制に由来する最小限の特別扱いを許容するＡ説、天皇は人権享有主体に含まれないが皇族は人権享有主体であり、しかし天皇との距離に応じた特別扱いが認められるとするＢ説、皇位の世襲制を重視し天皇は人権享有主体である国民から区別された「門地」に由来する特殊な存在であり、人権享有主体性がないとするＣ説に分かれる。日本国憲法の基本理念である平等とは相反する天皇制を存続させていることなどから、天皇は人権享有主体から外れるとするＣ説が最も有力であるとされる。加えて、「門地」を特権化する制度である以上、Ｃ説を採用することで皇族にも同様の制限が及ぶと解する理解が一般的である。

　即位をしない自由は、たとえば職業選択の自由や、出生によって差別を受けないという平等権の問題として構成することが可能かもしれない。しかしながら、上記のように皇族が人権享有主体でないとすれば、仮に即位をしない自由を人権論として構成できたとしても、皇位継承者はそのような人権を享受しないこととなるだろう。

ところで、奥平康弘は、憲法は天皇や皇族という個人的存在が憲法の設定した制度のための犠牲になることを前提としており、そうである以上、それに付随する不自由・拘束は受け入れるべきとしながらも、不自由な制約から逃れ皇室の身分から離脱する窮極の権利として「脱出の権利」があると指摘している。皇室典範の規定にある皇籍離脱は、立法者が意図したか否かはともかくとして、脱出の権利を担保するものと位置付けることも可能であろう。とすると、天皇はもとより、皇嗣および親王には自発的な皇籍離脱がなく、皇嗣に至ってはやむを得ない事情による皇籍離脱すら認められていないことが脱出の権利の侵害であるとの議論もありえよう。

　ただし、脱出の権利は人権享有主体から外れ特殊な地位におかれる天皇や皇族が、その立場すべてから逃れる権利であり、いわば人権を否定された天皇や皇族が人権享有主体である「一般人」となるための唯一の後戻りできない逃げ道である。したがって、この権利は皇籍にとどまったままでの退位の自由や即位の辞退を保障するものでないことに留意が必要である。この観点からすれば、皇嗣が皇籍を離脱し一般人となる権利を否定されていることに問題がある可能性がある一方で、皇嗣が皇族にとどまったまま即位を辞退する自由を脱出の権利から導き出すことは困難であると言えるだろう。

23 国は自衛官を外国に送ることができるのだろうか？
◉安保法制の合憲性

できごと

　20××年、ホルムズ海峡でアメリカとA国の軍事的緊張が高まり、両国で戦争が勃発した。この際、アメリカはホルムズ海峡を使用するアジア・ヨーロッパ・オセアニア諸国に対して広く軍事的参加を呼びかけ、日本の首相はこれに呼応し、ホルムズ海峡での戦争は「わが国と密接な関係にある他国に対する武力攻撃が発生し、これによりわが国の存立が脅かされ、国民の生命、自由及び幸福追求の権利が根底から覆される明白な危険がある事態」であると表明、A国に対して宣戦を布告し、A国とアメリカの戦争に参戦した。

　自衛官であるXは、自衛隊法76条に基づく防衛出動の命令により、A国・アメリカ戦争への派遣命令を受けた。Xは、集団的自衛権を容認する自衛隊法およびそれに基づく命令が憲法違反であると考えこれを拒否したところ、防衛大臣から懲戒免職の処分を受けた。Xは憲法9条が集団的自衛権を認めていないことなどを理由に本件参戦は違憲であること、したがって、本件懲戒処分は無効であることなどを訴え訴訟を提起した。

　これにつき、どのような憲法問題が考えられるか。

考えてみよう憲法問題

1　解釈改憲と安保法制

　2015年9月、「我が国及び国際社会の平和及び安全の確保に資するための自衛隊法等の一部を改正する法律」（安保法制）が施行された。この法律は自衛隊法をはじめとする複数の法律の一部を改正するものであり、その目的は自衛隊が集団的自衛権に基づいた武力行使を行えるよう、必要な法整備を整えることにあった。安保法制の成立に先立ち、安倍晋三内閣は2014年7月に「国の存立を全うし、国民を守るための切れ目のない安全保障法制の整備について」と題

する閣議決定を行い、この中で「わが国を取り巻く安全保障環境が根本的に変容し、変化し続けている状況を踏まえれば、今後他国に対して発生する武力攻撃であったとしても……わが国の存立を脅かすことも現実に起こり得る」ことを理由として、それまで個別的自衛権の行使のみが憲法上許されるとしてきた政府解釈を変更し、集団的自衛権の行使が合憲であるとの解釈を提示した（解釈改憲）。

　解釈改憲とこれに基づく安保法制は、日本国内において極めて大きな反発を呼び、連日国会前で大規模なデモが行われ、多くの学者も反対声明に参加している。このような反応には、単に集団的自衛権に対する政策的な批判のみならず、解釈改憲や安保法制の憲法適合性を問題視する声も多かった。

2　最高裁による9条解釈の「不在」

　もっとも、安保法制の何が問題か、という問いに答えるのは簡単ではない。というのも、日本の最高裁判所は憲法9条の意味内容についてほとんど実体的な判断を示してこなかったためである。

　たとえば、在日アメリカ軍駐留と日米安保条約の合憲性が争点の1つとなった砂川事件最高裁判決（判例④）では、高度に政治的な安全保障にかかわる事柄について、「一見極めて明白に違憲無効であると認められない限り」裁判所は判断を差し控えるという統治行為論が採用されている。

　砂川事件は在日米軍駐留にかかわる事案であるが、自衛隊の合憲性についても一部の下級審で統治行為論が用いられている。たとえば、長沼ナイキ訴訟控訴審判決（判例㊼）では「高度の専門技術的判断とともに、高度の政治判断を要する最も基本的な国の政策決定」である防衛政策については、「正に統治事項に関する行為であつて、一見極めて明白に違憲、違法と認められるものでない限り、司法審査の対象ではないといわなければならないものである」とされている。

　もっとも、これは控訴人の訴えの利益を否定した後の傍論部分であり、長沼ナイキ訴訟控訴審判決も含めた多くの事例では、統治行為論に至る以前に、原告に訴えの利益がなく裁判の当事者として不適格であるとされるなど、様々な形で判断の回避が行われている。近年の事例としては、自衛隊イラク派遣訴訟

名古屋高裁判決（判例(51)）において、航空自衛隊の空輸活動が憲法９条１項に違反するとしながらも、当事者適格がないとして自衛隊派遣差止請求が退けられている。（なお、本来の意味の統治行為論は司法審査の可能性を一切絶つものであり、「一見極めて明白に違憲、違法」な場合に司法審査を認める砂川判決の判示を統治行為論とみなさない立場もある。）

いずれにせよ、日本では最高裁判所が在日米軍や自衛隊の合憲性について実体的な判断を行ったことは一度もなく、「自衛隊の合憲性の問題に直接答えることを避けている」［佐藤：98］状況である。「憲法の番人」であるはずの最高裁の沈黙は、憲法９条の解釈に際する指針の欠如を意味する。

3　学説と政府の９条解釈

もっとも、自衛権保持の有無や自衛隊の合憲性は戦後直後から政府、国会、市民など様々な主体により議論されており、その中で憲法９条の解釈について一定の「ワク」が出来上がっていた。

学説の中には憲法９条は政治的マニフェストや司法審査になじまない政治的規範であるとするものもあるものの、下記に見るように多くの見解は９条の公権力への拘束力を認めたうえで、９条１項は自衛権を放棄しているのか否か、放棄しているとしてどの程度放棄しているのか、の二点を論点として議論が行われている。

(1)　戦争放棄の意味

国連憲章51条は「この憲章のいかなる規定も、国際連合加盟国に対して武力攻撃が発生した場合には、安全保障理事会が国際の平和及び安全の維持に必要な措置をとるまでの間、個別的又は集団的自衛の固有の権利を害するものではない……」と規定しており、加盟国に個別的自衛権と集団的自衛権の行使を認めている。国連加盟国である日本も、国際法的には当然に個別的、集団的自衛権を有している。

ただし、国連憲章で容認された権利であっても、各国が主体的に権利行使を抑制することはありうる。したがって、憲法９条を考える際には、国際法的に認められた自衛権行使について憲法的にいかなる制約が課せられているかが論点となる。初めに、９条１項が何を意味しているか検討したい。

第9条　日本国民は、正義と秩序を基調とする国際平和を誠実に希求し、(ア)国権の発動たる戦争と、(イ)武力による威嚇又は武力の行使は、国際紛争を解決する手段としては、永久にこれを放棄する。

2　(ウ)前項の目的を達するため、陸海空軍その他の戦力は、これを保持しない。国の交戦権は、これを認めない。

　佐藤幸治の整理によれば、1項については、国際手段を解決する手段として永久に放棄するのが（ア）（イ）両方だとするA説、（イ）のみにかかるとするB説がある。B説をとる場合、1項ではすべての戦争と「国際紛争を解決する手段としての武力による威嚇又は武力の行使」のみが禁じられていることとなり、「自衛のための武力による威嚇又は武力の行使」、すなわち個別的自衛権は禁じられていないと解することができる。しかしながら、戦争と武力の行使を峻別する困難は残る。一方、A説をとる場合でも、限定的に自衛権を放棄したに過ぎないとする説（限定放棄説）と、全面的に自衛権を放棄したとする説（全面放棄説）に分かれる。

(2)　限定放棄説

　限定放棄説は長年日本政府が採用してきた立場である。この立場によれば、いわゆる芦田修正により加えられた（ウ）の部分について、「正義と秩序を基調とする国際平和を誠実に希求し……国際紛争を解決する」ためのもの、すなわち侵略戦争や他国への侵攻などを禁止するための規定であり、自衛戦争は禁じられていないと解される。

　限定放棄説は長年日本政府が採用してきた立場でもある。たとえば、1954年12月22日の大村防衛庁長官答弁によれば、「第一に、憲法は自衛権を否定していない。自衛権は国が独立国である以上、その国が当然に保有する権利である。憲法はこれを否定していない。……二、憲法は戦争を放棄したが、自衛のための抗争は放棄していない」とされる。すなわち、憲法9条1項は自衛権をすべて放棄したものではなく、自衛戦争は9条に違反するものではないというのである。この答弁は個別的自衛権と集団的自衛権の区別には言及していないが、通常は自衛権の範囲を個別的自衛権に限定したものと解される。より明示的には、1960年3月31日の岸首相答弁で、「いわゆる集団的自衛権というものの本体として考えられている締結国や特別に密接な関係にある国が武力攻撃を

された場合に、その国まで出かけて行ってその国を防衛するという意味における集団的自衛権は、日本の憲法上は持っていないと考えている」とされ、9条は自衛権の範囲を個別的自衛権に限定するものであるとする政府見解が固まっている。

(3) 全面放棄説

一方、全面放棄説は、日本国憲法は個別的・集団的を問わずすべての自衛権を否定したものと解する立場である。この考え方は長年、憲法学における通説となっていた立場であり、遂行不能説と峻別不能説に区別される。遂行不能説は、憲法9条1項は必ずしも自衛権を否定していないものの、9条2項において武力の保持と交戦権が禁じられているため、個別的自衛権を行使しようとしても事実上不可能であるとする考え方である。一方、峻別不能説は、およそ国際紛争解決の手段でない戦争はありえず、したがって9条1項により自衛戦争を含めたすべての戦争が禁じられていると考える立場である。遂行不能説と峻別不能説は、結論としてはいかなる戦争も憲法上認められないとする点で同様であるが、憲法改正にからんで区別する必要がある。遂行不能説にたてば憲法9条2項が自衛権行使の妨げになると解するため2項を削除すれば自衛権行使が可能になるけれども、峻別不能説に立つ場合、そもそも9条1項、2項を分離して理解することは困難であり、自衛権行使のためには9条全体の改正が必要になる。

(4) 穏和な平和主義説

いずれにせよ、憲法学においては全面放棄説が長年通説であった。しかしながら、近年、長谷部恭男の提唱する「穏和な平和主義説」も有力となっている。この説は、立憲主義の基本的な考え方に立脚した9条解釈であり、それまで通説であった全面放棄説に対する有力な批判として注目されている。

長谷部によれば、法規範の中には、特定の問題に対する答えを一義的に定める「準則（rule）」と、答えを特定の方向へと導く力として働くにとどまる「原理（principle）」が存在する。従来の学説が9条、特に2項を「準則」として理解してきたのに対し、長谷部はこれを「原理」と解釈し、したがって、自衛のための実力の保持が禁じられているか否かを文面上判断することはできないと指摘する。

そのうえで、長谷部は次のように個別的自衛権行使を正当化する。立憲主義とは「善き生」の押し付けを否定する考え方である。もし現在の国際社会において侵略戦争が生じた場合、野蛮な侵略国により日本国内に「際限なき地獄」が現出する可能性が高い。そのような状況でさえ、軍事力による抵抗を行わず「絶対的平和主義」を善き生き方とする見方を国の政策として執行することは、立憲主義の根本原則と正面から衝突する。自衛のための必要最小限度の実力を保持することは、現在の憲法の下でも許されると考えており、むしろそれは立憲主義の根本的な考え方に、よりよく整合する。

　「穏和な平和主義説」はそれまで個別的自衛権の行使に否定的であった学説に一石を投じた説として注目される。ただし、この説は、必要最小限の自衛のためであれば集団的自衛権の容認に道を開くようにも思われる。これにつき長谷部は、憲法上に格別の根拠がないことは認めつつ、むしろ格別な根拠がない以上、いったん設定された基準について譲歩を始めれば踏みとどまる適切な地点がなく、あらかじめ集団的自衛権を否定することは合理的自己拘束としてありうることであると述べている。

4　集団的自衛権の違憲性

　上述のように、憲法9条が公権力にいかなる制約を課しているかについては、その立場により様々な見解がある。言い換えれば、9条が自衛権と武力保持についてどの程度許容しているかについて確固たる条文解釈は存在してこなかった。ただし、9条が最低限禁じている事柄については、学説、政府見解ともに一致していたことには留意が必要である。すなわち、集団的自衛権の行使は憲法上なしえないとの見解は、9条解釈上の対立を超えた共通理解になっていたと言える。

　このことは、上掲の岸首相の答弁の他にも、多くの政府見解からも明らかである。たとえば1969年の高辻内閣法制局長官の答弁で示された自衛権行使三要件では①わが国に対する急迫不正の侵害があること、②これを排除するために他に適当な手段がないこと、③必要最小限度の実力行使にとどまるべきこと、とされており、日本への急迫不正の侵害（＝日本への侵略）に対する自衛が武力行使の用件として示されていたことからも、個別的自衛権の行使を前提とする

政府の立場が示されてる。より明示的には、1981年衆議院議員稲葉誠一君提出「憲法、国際法と集団的自衛権」に関する質問に対する答弁書において、集団的自衛権を「自国と密接な関係にある外国に対する武力攻撃を、自国が直接攻撃されていないにもかかわらず、実力を持って阻止する権利」と定義した上で、「憲法第9条の下において許容されている自衛権の行使は、わが国を防衛するための必要最小限度の範囲にとどまるべきものであるものと解しており、集団的自衛権を行使することは……憲法上許されない」とされている。

5 できごとの検討

(1) 違憲訴訟の可能性

これらの状況を踏まえたうえで、改めて**できごと**について検討してみよう。これまで見てきたように、裁判を通じて安保法制の違憲性を問う道は険しい。まず、当事者適格の問題がある。安保法制の憲法適合性を問うためには、Xに何らかの具体的な権利侵害が生じたこと、訴えの利益があることを示さなければならない。

2019年現在、安保法制の合憲性をめぐる訴訟が市民や弁護士らによって全国で数多く提起されている。これらの訴訟では、安保法制それ自体の違憲性についての確認の訴えや、安保法制の成立により平和的生存権や幸福追求権を侵害されたことを理由とした国家賠償請求がなされているが、ネックとなるのは当事者適格である。これらの訴訟では、過去の自衛隊違憲訴訟と同様、法律上の争訟に当たらない、訴えの利益がないなどの理由で門前払いの判断が下されており、一般市民が安保法制の違憲性を問うことは訴訟法上困難であることがあらためて浮き彫りとなった。

しかしながら、一般市民ではなく現役の自衛官が原告になった場合には事情が異なる。現役の自衛官は、ひとたび集団的自衛権が行使される際には職務命令に従い戦闘に従事する可能性がある。自衛官である以上、命令があれば戦地に赴かなければならないが、もし安保法制が違憲であるのなら、集団的自衛権行使のための出動命令に従う義務は生じない。ここに、一般市民とは異なる形で自衛官の訴えの利益が発生するのである。

実際、現役自衛官による安保法制違憲訴訟控訴審判決（判例(54)）では、自衛官

の当事者適格が認められている。判決は、防衛出動に基づく職務命令に違反した自衛官は「服務の本旨を蔑ろにしたものとして、極めて厳しい社会的非難を受けることになることに加え、本件職務命令への不服従を理由とする懲戒処分、更には重大な刑事罰を受けることになる」のであり、事案の性質上、職務命令後の取消訴訟等によりこのような損害の回復を図ることは困難であることから、差止の訴えについて行政事件訴訟法37条4項1に規定する重大な損害を生ずるおそれと、他に適切な解決手段がないとの要件を準用し、防衛出動に基づく服従義務不存在を確認する訴えが適法と判断した。ただし、上告審（判例㊺）はこの判決を破棄差戻ししており、この事例も「門前払い」で終わる可能性が高い。

(2)　安保法制の憲法適合性の論点

とはいえ、仮にできごとのXのように実際に防衛出動とそれに基づく職務命令が出され、かつそれを拒否したことによる懲戒処分がなされた場合、当然ながら処分の取消しを求める訴えは適法となろう。その場合、安保法制の合憲性についての判断が訴訟の結果を左右することとなる。そこで、安保法制の憲法適合性について2つの観点から考えてみよう。

まず、第1の観点として、憲法9条適合性の問題がある。有力な見解によれば、9条の下では自衛権は放棄されているか（全面放棄説）、自衛権を有しているとしても個別的自衛権に限定されるとする説（限定放棄説、穏和な平和主義説）が有力であり、特に学説では安保法制やそれに基づく防衛出動、職務命令は、集団的自衛権の行使を認める部分において違憲であるとする立場が大勢を占めている。国は「わが国を取り巻く安全保障環境が根本的に変容し、変化し続けている状況を踏まえれば、今後他国に対して発生する武力攻撃であったとしても……わが国の存立を脅かすことも現実に起こり得る」として、国際情勢の変化を解釈改憲の理由としているが、このことが集団的自衛権行使を正当化する理由となるか否かが論点となろう。（もっとも、自衛官による安保法制違憲訴訟では国側ですら「国際情勢に鑑みても、将来的に存立危機事態が発生することを具体的に想定し得る状況にはない」と主張しており、安保法制の立法事実それ自体への疑念もある。）

第2の観点として、集団的自衛権行使とそれに基づく命令が「一見極めて明白に違憲無効」と言えるか否かが問題となる。安保法制が憲法9条に抵触する可能性が高いとしても、砂川判決を踏まえれば、安全保障の問題について裁判

所が統治行為論を採用する可能性が極めて高いように思われる。砂川判決では、安保条約とそれに基づく米軍駐留の合憲性を判断しないまま、これらを前提とする刑事特別法に基づく有罪判決が出されたが、できごとの事例でも安保法制の合憲性について判断せずに懲戒免職という不利益処分を正当化する可能性はありえよう。このため、安保法制が「一見極めて明白に違憲無効」であるか否かが論点となる。

　「一見極めて明白に違憲無効」という表現は、衆議院の解散権について統治行為論を用いた苫米地事件には出てこない文言であり、裏を返せば、高度に政治的な安全保障の問題についても裁判所が憲法判断を行う余地を残したものと解することもできる。とはいえ、憲法違反の法令や処分がどのような場合に「一見極めて明白に違憲無効」と言えるかについて、判例、学説ともに定説があるわけではない。

　１つの指針となるのは、政府による立憲主義の破壊の問題であろう。解釈改憲以前は、自衛権の行使につき、これを限定的に認める立場と全面的に否定する立場の対立があったものの、憲法９条が集団的自衛権の行使を禁じているとする解釈では一致していた。したがって、解釈改憲と安保法制は、極めて強固に完成した解釈と異なる立場をとっていることとなる。９条が集団的自衛権の行使を容認しているとの憲法解釈は2014年に突如としてあらわれた解釈であり、政府が長年示してきた９条解釈の見地から見ても論理的整合性を欠く。憲法学者の多くが否定し、従来の政府の立場とも一貫しない解釈が政府見解とされることは、単に９条解釈の問題を超え、公権力を憲法によって抑制するという立憲主義の考え方そのものを否定している可能性があろう。

　また、仮に論理的には集団的自衛権の行使を正当化することが可能だとしても、本来憲法によりその権力行使を制約される政府が、それまで自らに課してきた自己拘束を一方的に外して、公権力の範囲を拡大する解釈の変更を行いうるか否かにも疑問が残るところである。

　このような背景事情を鑑みて、安保法制が「一見極めて明白に違憲無効」といえるか否かは１つの論点となるだろう。

24 車いすで飲食店に「入れる街」「入れない街」、どっちがよい？
◉地方自治体の独自性と条例

できごと

　若いころに交通事故にあって下半身が動かないＡさんは、電動車いすを使って移動している。

　ある日、Ａさんは自分の地元のＸ県内のスーパーへバスで出かけようとバス停で待っていた。やっとバスが来たが、運転手は「電動車いす？　ちょっと今、ダイヤが押してるからすぐに乗せるのは無理ですわ。次のバスを待ってもらえますか？」と言って、Ａさんを置いてバス停を出てしまった。次のバスが来たのは１時間後だった。

　このことに釈然としないＡさんは、Ｘ県の職員をしている友だちのＢさんに話した。するとＢさんは、「Ｘ県は障害者差別解消条例を制定しています。もしバス会社に苦情を言っても相手にしてくれないときは、第三者委員会にあっせんの申立てもできるし、そこで差別だと認められたらバス会社に勧告とか社名公表とかしてくれることもあるよ。」と教えてくれた。Ａさんは県に対してあっせんの申し立てをした。県の障害者差別解消条例に基づき、第三者委員会が組織され、Ａさんとバス会社はそれぞれ事情を聴取された。その結果、第三者委員会はバス会社がＡさんを乗せずに発車したのは、障害者差別解消条例が禁止する「差別」に当たる、と判断し、バス会社に勧告した。バス会社は、それでもＡさんに謝罪せず、車いすが乗車できるような対策も講じようとしない。そこで、第三者委員会は、差別解消条例違反としてこのバス会社の社名を公表するべきである、と県に答申し、県はそれに基づきバス会社の社名を公表した。地元のマスコミも大きく報道し、バス会社はさすがにまずいと思ったのか、Ａさんに謝罪し、今後同じことが起こらないように運転手の研修と、ノンステップバスの段階的導入をすることを約束してくれた。

　「時代が変わったなぁ」と大満足のＡさん。その後、遠くのＹ県へ旅行に行き、Ｙ県の郷土料理を提供する食堂へ入ろうとした。ところが、玄関を開けるやいなや、大将から「うちは電動車いすが入るスペースなんかないよ、帰った帰った！」と言われてしまった。とても不愉快な気持ちになったＡさんは、地元でバスの乗車拒否にあった時のことを思い出し、Ｙ県へすぐに相談に行ってみた。すると、職員から、「それは大変な目にあいましたね。障害者差別解消法によれば、たしかに差

別かもしれませんね。え？障害者差別解消条例？　うちの県にそういった条例はありません。障害者差別解消法に基づいて、こうして障害当事者からの相談に応じる体制は採っていますので、これで十分です。行政の立場は公平中立であるべきです。その食堂になにか働きかける、というのも難しいですね。」と言われた。

　自分の元とはあまりにも違うY県の対応に困惑したAさん。同じ「障害者差別解消」というテーマで、法律と条例がここまで違ってもいいのか。

考えてみよう憲法問題

1　X県条例は法律違反ではないか？

　Aさんは、X県とY県でほとんど同じようなサービス提供拒否にあっている。こうした問題については、障害を理由とする差別の解消の推進に関する法律（以下、「障害者差別解消法」という）により、Y県のように地方公共団体に相談窓口が設けられている。ところが、X県では条例により、法律ではできないような勧告や氏名公表まで地方公共団体ができることになっている。差別に対し、条例で法律よりも強い介入をすることが認められるのだろうか。そもそも、法律と条例とはどのような関係にあるのだろうか。

2　地方自治の機能

(1)　地方自治の本旨（憲92条）

　憲法92条には、「地方公共団体の組織及び運営に関する事項は、地方自治の本旨に基づいて、法律でこれを定める。」と定められている。この規定を受けて、地方自治法は地方公共団体の組織、運営についての細部を定めている。地方自治の内容は、法律（地方自治法）によって変えることができるとすれば、地方自治を憲法で保障したとしても、その時々の政府の恣意によって骨抜きにされるおそれがある。そうした事態を防ぐため、法律によっても侵すことのできない地方自治の本質を「地方自治の本旨」と表現し、92条で担保している。このため、この「地方自治の本旨」の意味するところが重要である。また、地方自治には、権力の垂直的分立すなわち権力の中央集中を防ぎ、権力の抑制・均衡のシステムの要素としての役割がある。

こうした背景から、地方自治の本旨の内容として、2つの重要な意義があるといわれている。1つは、住民の最も身近な政策課題を議論し、決定していく民主主義の学校としての機能から、地方自治が住民の意思に基づいて行われる、という「住民自治」である。地方公共団体の意思決定の根拠は、住民の参画が前提となっていなければならない。地方自治の中で取り上げられるトピックは、ごみの収集方法や自分が住んでいるまちの都市計画、駅がどこにできるのか、図書館がどこにできるのかなど、国政に比べて格段に身近なものであり、自らの問題として考え、行動しやすい。

もう1つは権力の分散の観点から導かれ、国から独立した地方公共団体の意思と責任によって自治が行われる、という「団体自治」である。といっても、国と地方公共団体を対立構造としてとらえるものではなく、役割分担の問題としてとらえるものである。すなわち、地方自治法では、国の役割は、国際社会にかかわる事項、全国的統一を必要とする事項、全国的視点でなされるべき事項を担うこととされ、住民に身近な行政はできる限り地方公共団体にゆだねられるべきとされている（地自1条の2第2項）。これを「補完性の原則」という。こうした視点から国がすべき事務と地方公共団体がすべき事務の役割分担がなされ、住民に身近な行政については、団体自治により地方公共団体の意思と責任によって自治が行われることになる。

地方自治の憲法的論点を検討する際には、常にこの住民自治と団体自治の視点に基づいて検討することになる。

(2) 条例制定権とその限界

地方公共団体の重要な権能の1つが条例制定権である。先に述べた住民自治の視点からすれば、住民の意思によるのであれば、条例の内容も無制限であってもよいように思われる。しかし憲法は、94条で、「地方公共団体は、法律の範囲内で条例を制定することができる。」と定め、地方自治法14条1項では、「普通地方公共団体は、法令に違反しない限りにおいて、第2条第2項の事務に関し、条例を制定することができる」と定めている。条例は、地方自治法2条2項（普通地方公共団体は、地域における事務およびその他の事務で法律またはこれに基づく政令により処理することとされるものを処理する）の事務かつ法令に反しないものに限り、制定することができる。そうすると、法律の範囲内が具体的に

意味するところが問題となる。

　法律の範囲から逸脱するおそれがあるパターンとしては、①法律が定めていない論点について条例を定める場合、②法律がすでに規制立法を行っている論点について、それよりさらに規制を強める内容の条例を定める場合（いわゆる「上乗せ条例」）、③法律がすでに立法を行っている論点について、適用対象範囲をさらに広げる内容の条例を定める場合（いわゆる「横出し条例」）が考えられる。

　法律の範囲内という言葉を素直に解釈すれば、法律で定めている事項については、条例で重ねて定めることはできない、ということになりそうにも思われる。たしかにかつてはそのように解釈されていた。ところが、たとえば公害問題が深刻化した時代、汚染がひどかった地域の地方公共団体は、住民の健康を確実に守るため、国が法律等で定めた基準よりも厳しい規制を条例で独自に定める動きを見せた。当初、そのような条例は法律の範囲内を超えたものとして法律に違反するとされてきた。しかし、住民の健康を守るという立法目的を達成するための上乗せ条例であれば、憲法上許容されるのではないかという議論も発生した。そこから、法律は全国一律に定めるべき最低限を定めたものであり、地方公共団体が住民意思に基づいて必要に応じてこれを加重する内容の条例を制定することを一律に排除しているものではない、という考え方が次第に広がるようになった。

(3)　徳島市公安条例事件最高裁判決

　この点についてのリーディングケースとなった判例が、徳島市公安条例事件最高裁判決（判例⑯）である。

　「条例が国の法令に違反するかどうかは、両者の対象事項と規定文言を対比するのみでなく、それぞれの趣旨、目的、内容及び効果を比較し、両者の間に矛盾抵触があるか否かによってこれを決しなければならない。例えば、①ある事項について国の法令中にこれを規律する明文の規定がない場合でも、当該法令全体から見て、右既定の欠如が特に当該事項についていかなる規制をも施すことなく放置すべきものとする趣旨であると解されるときは、これについて規律を設ける条例の規定は国の法令に違反することとなりうるし、逆に、（②−1）特定事項についてこれを規律する国の法令と条例とが併存する場合でも、後者が前者とは別の目的に基づく規律を意図するものであり、その適用によって前者の規定の意図する目的と効果をなんら阻害することがないときや、（②−2）両者が同一の目的に出たものであっても、国の法令が必ずしもそ

の規定によって全国的に一律に同一内容の規制を施す趣旨ではなく、それぞれの普通地方公共団体において、その地方の実情に応じて、別段の規制を施すことを容認する趣旨であると解されるときは、国の法令と条例との間にはなんらの矛盾抵触はなく、条例が国の法令に違反する問題は生じえないのである。」

　要するに、同じテーマ、同じ論点についての規制であっても、法律と条例の立法目的が異なる規律であれば条例を定めることは許容される。立法目的が同じであっても、法律が全国一律に同一内容の規制を定める趣旨ではなく、最低限の規律を定めたに過ぎない場合も、地方の実情に合わせて法と異なる内容の条例を定めることは許容される。許されないのは、全国確実に統一基準を設けようとする趣旨の法律（もっともわかりやすい法律は刑法である。たとえばある県では殺人罪は死刑または無期懲役のみだが、別の県では懲役刑のみで死刑にならない、ということになれば誰もがおかしいと思うだろう。このように、地域によって犯罪に対する量刑が大きく異なることを、刑法は許容していない。）の対象については、条例で異なる定めをすることはできない。

⑷　障害者差別解消に関する法律と条例の関係

　なお、本設問のテーマとなっている障害を理由とする差別については、「法律」と、各地方公共団体が制定する「条例」とが併存する状況が存在する。歴史的経緯を見ると、2006年に千葉県が制定した「障害のある人もない人も共に暮らしやすい千葉県づくり条例」が、日本で最初にできた障害を理由とする差別の禁止を目指した条例である。当時は現在のように障害者差別解消法は存在しなかった。他方、国際的には、国際連合において障害者権利条約の制定作業が進められていた。こうした流れを受け、障害者権利条約の趣旨を千葉県でも実現しようと、この条例が誕生したのである。その後、千葉県に続けて同旨の条例を制定する地方公共団体が続いた。こうした条例の多くは、設問のＸ県と同様、第三者委員会への諮問とその答申に基づく、実効性ある紛争解決の権限が付与されていた。

　その後、障害者権利条約を日本でも批准するために、2013年に障害者差別解消法が成立し、2016年4月から施行されることになった。障害者差別解消法は、障害を理由とする差別の概念を示した意味で画期的であったが、国全体に適用される規範であるという性質上、地方公共団体が負うべき責任や実施体制

については、どうしても「紛争の防止又は解決を図ることができるような必要な体制の整備を図る」という抽象的な内容とならざるをえなかった。法律だけでは、相談窓口を設定さえすれば地方公共団体の責任は果たせたことになるが、障害を理由とする差別を効果的に解消しようという住民の声が大きい地方公共団体は、条例を制定する形で自ら紛争解決機能を創設する必要があった。そこで、差別解消法が施行された後も、千葉県のような権限を条例で設ける動きが、2019年の現在もなお、引き続き継続しているのである。

3　X県条例は憲法94条に違反しないのか

　今回の設例の場合、国の法律である障害者差別解消法によれば、地方公共団体は紛争の防止または解決を図ることができるような必要な体制の整備をおこなえばそれで足りる（障害者差別解消法14条）。Y県は、相談窓口を設置し、差別に関する相談を受けつけていることから、法が求める最低限の体制は整えているというべきであり、障害者差別解消法との関係ではなんら責務を怠っているわけではない。

　これに対し、X県の障害者差別解消条例は、さらに差別と思われる事案につき、第三者機関にあっせんの申立てをすることができる上、正当な理由なくあっせんを無視した者に対しては県からの勧告や氏名公表が予定されている。これは、X県が、差別したとされる県内の事業者に対し、法律では課すことのできない不利益を課すことを許容しているので、「上乗せ条例」である。X県の障害者差別解消条例は、「障害者差別解消法の範囲内」と言えるだろうか。

　まず、法律と条例、それぞれの立法目的は、いずれも「障害を理由とする差別の解消」である。このため、上記の徳島市公安条例事件判決の分類によると、立法目的が重複している②－2の類型に相当する。そうすると、次は「国の法令が必ずしもその規定によって全国的に一律に同一内容の規制を施す趣旨ではなく、それぞれの普通地方公共団体において、その地方の実情に応じて、別段の規制を施すことを容認する趣旨である」と解されるか否かが問題となる。この点、前述の1(4)（障害者差別解消に関する法律と条例の関係）で述べたとおり、障害者差別解消法は、国内の最低限守られるべき障害を理由とする差別解消規範を制定する必要があったことから、制定されたものである。このため、全国

一律に同法が定める内容の差別解消施策を実施することを求めるものではなく、当時すでに先行して制定されていた各地の地方公共団体の障害者差別解消条例（中には法よりもかなり上乗せ、横出しの内容を含むものもあった）はそのまま効力を有することはもちろん、その後に制定される条例についても、必ずしも法に準拠する必要はなく、地域の実情に合わせた内容とすることは妨げられないと解することができる。実際、障害者差別解消法の制定に合わせて内閣府が作成した「障害を理由とする差別の解消の推進に関する基本方針」第1−2−(3)においても、「法の施行後においても、地域の実情に即した既存の条例（いわゆる上乗せ・横出し条例を含む。）については引き続き効力を有し、また、新たに制定することも制限されることはなく、障害者にとって身近な地域において、条例の制定も含めた障害者差別を解消する取組の推進が望まれる。」と記載されている。

　ゆえに、X県の障害者差別解消条例は、障害者差別解消法よりも上乗せした内容となっているが、決して違法ということにはならない。

4　住民自治と条例制定権

(1)　各地の障害者差別解消施策の例

　障害を理由とする差別の解消をめぐっては、法律制定と同時、またはその後も、法に定められた権限を越え、設例で紹介したようなあっせん手続きやそれに従わない場合の勧告、氏名公表の手続きを備えた条例が数多く制定されている。こうした条例は、単に法を執行する手続きを定めた条例という意義を越え、障害を理由とする差別の解消を実行性あるものにし、差別のないまちづくりを目指すという住民意思の反映である。

　たとえば兵庫県明石市は、障害者差別解消法の施行と同時に「障害者に対する配慮を促進し誰もが安心して暮らせる共生のまちづくり条例（略称：障害者配慮条例）」を制定した。さらに、障害を理由とする差別を市役所が率先してなくすことを明かにするため、同時に「明石市職員の平等な任用機会を確保し障害者の自立と社会参加を促進する条例」を制定した。精神上の障害により、判断能力が低下したとして、家庭裁判所の審判により財産を管理する人が選任されている成年被後見人、被保佐人は、地方公務員の欠格事由を定める地方公務

員法16条1号により、条例で定める場合を除いて職員として採用できないこととされていた。ただ、判断能力に障害のある者の採用につき、成年後見制度を利用していることのみを理由に一律不採用とすることは、障害を理由とする差別をなくそうとする市の方針に合わないとして、これを欠格事由から削除するため、この条例が制定された。その後、同じ趣旨で地方公務員法も改正され、現在は成年被後見人等であることは欠格事由ではなくなっている。ただし、同法16条が、「条例で定める場合を除くほか」と条例による例外を認めているものの、法が列挙する欠格事由のうちの1つを完全に削除することが、憲法94条との関係で許容されるかという議論もありえただろう。

(2) 条例制定権の限界

　他方、主に障害当事者から、障害者差別に該当する行為に対して罰則を設けるべきである、という意見がしばしば寄せられる。仮に住民の意見として差別に対して罰則規定を設けることに合意が得られて、罰則付きの条例が制定された場合、ここまでの議論がそのまま維持できるだろうか。たしかに住民自治の観点からは許容されるようにも思われるが、いくつかの論点を検討する必要があるだろう。まず、①「差別」に対して一定の定義が示されているとはいえ、違反行為に対して刑罰を科すためには、「どのような行為が禁止されているのか」が一読して誰にでも分かる程度に具体的である必要がある。障害者差別解消法が禁止している差別行為は、不当な差別的取扱い（その事業を行うに当たり、障害を理由として障害者でない者と不当な差別的取扱いをすることにより、障害者の権利利益を侵害してはならない。）と、合理的配慮（その事業を行うに当たり、障害者から現に社会的障壁の除去を必要としている旨の意思の表明があった場合において、その実施に伴う負担が過重でないときは、障害者の権利利益を侵害することとならないよう、当該障害者の性別、年齢及び障害の状態に応じて、社会的障壁の除去の実施について必要かつ合理的な配慮をすること）の不提供である（障害者差別解消法7条・8条）。はたしてこれらの条文から、「何が禁止されているのか」「何をしなければならないか」が一読して明らかに示されていると言えるだろうか。罪刑法定主義の観点（憲法31条）から検討が必要である。

　次に、②障害者差別解消法の趣旨との関係でも問題となる。障害者差別解消法の基本理念は、障害を理由とする差別の解消のため、（障害のある人とない人

との）相互理解や建設的対話を求めている（基本方針第1-2-(1)）。先行して制定されている条例や、その後に制定された条例も、この点は基本的に同じである。こうした状況の中で、違反行為に対する罰則を用いるという、「一罰百戒」の発想によるスキームが果たして法律の趣旨と合致するか否かについては、慎重に検討する必要があろう。もし、法律の趣旨から外れるという判断になれば、徳島市公安条例事件最高裁判決の②-1の場面ということになる。条例と法律とで差別解消への姿勢が異なることになる上、罰則という強いサンクションを与えることを可能とする条例が、法が目指そうとする建設的対話による差別解消の道筋を阻害すると言えるだろうか。

　住民の福祉の最大化のため、地方公共団体が必要と判断すれば、地方自治の本旨（住民自治の原則）に従い条例を制定することにより、法よりもさらに進んだ施策を展開することが可能になる。他方、住民自治に基づいて制定された条例も、その内容は無制限ではありえず、憲法上の基本的な原則に拘束される。地方自治は、常にこうしたバランス感覚を問われ続けていると言えるだろう。

主要参考文献一覧

■憲法をより勉強したい人のために

憲法の概説書等

芦部信喜／高橋和之補訂『憲法 第七版』岩波書店、2019年。

市川正人『基本講義 憲法』新世社、2014年。

浦部法穂『全訂憲法学教室 第3版』日本評論社、2016年。

大石眞『憲法講義Ⅰ 第3版』有斐閣、2014年。

大石眞『憲法講義Ⅱ 第2版』有斐閣、2012年。

阪本昌成『憲法理論Ⅰ補訂第3版』成文堂、2000年。

阪本昌成『憲法理論Ⅱ』成文堂、1993年。

阪本昌成『憲法理論Ⅲ』成文堂、1995年。

阪本昌成編著『謎解き日本国憲法 第2版』有信堂、2016年。

佐藤幸治『日本国憲法論』成文堂、2011年。

渋谷秀樹＝赤坂正浩『憲法1 人権 第5版』〈有斐閣アルマ〉有斐閣、2013年。

渋谷秀樹＝赤坂正浩『憲法2 統治 第5版』〈有斐閣アルマ〉有斐閣、2013年。

渋谷秀樹『憲法 第3版』有斐閣、2017年。

初宿正典『憲法2 基本権 第3版』成文堂、2010年。

高橋和之『立憲主義と日本国憲法 第4版』有斐閣、2017年。

高橋和之『体系 憲法訴訟』岩波書店、2017年。

辻村みよ子『憲法 第6版』日本評論社、2018年。

戸松秀典『憲法』弘文堂、2015年。

戸松秀典『憲法訴訟 第2版』有斐閣、2008年。

戸波江二『憲法 新版』ぎょうせい、1998年。

野中俊彦＝中村睦男＝高橋和之＝高見勝利『憲法Ⅰ 第5版』有斐閣、2012年。

野中俊彦＝中村睦男＝高橋和之＝高見勝利『憲法Ⅱ 第5版』有斐閣、2012年。

長谷部恭男『憲法 第7版』新世社、2018年。

樋口陽一『憲法 第3版』創文社、2007年。

松井茂記『日本国憲法 第3版』有斐閣、2007年。

コンメンタール、事典、判例解説など

浦田賢治＝大須賀明編『新・判例コンメンタール日本国憲法Ⅰ』三省堂、1993年。

浦田賢治＝大須賀明編『新・判例コンメンタール日本国憲法Ⅱ』三省堂、1994年。

浦田賢治＝大須賀明編『新・判例コンメンタール日本国憲法Ⅲ』三省堂、1994年。

木下智史＝只野雅人編『新・コンメンタール憲法』日本評論社、2015年。

佐藤幸治＝土井真一編『判例講義憲法Ⅰ　基本的人権Ⅰ』悠々社、2010年。

佐藤幸治＝土井真一編『判例講義憲法Ⅱ　基本的人権・統治機構』悠々社、2010年。

杉原泰雄編『新版　体系憲法事典』青林書院、2008年。

芹沢斉＝市川正人＝阪口正二郎編『新基本法コンメンタール・憲法』日本評論社、2011年。

高橋和之＝大石眞編『憲法の争点　第３版』有斐閣、2008年。

辻村みよ子＝山元一編『概説　憲法コンメンタール』信山社、2018年。

戸松秀典＝今井功編『論点体系　判例憲法１』第一法規、2013年。

戸松秀典＝今井功編『論点体系　判例憲法２』第一法規、2013年。

戸松秀典＝今井功編『論点体系　判例憲法３』第一法規、2013年。

野坂泰司『憲法基本判例を読み直す　第２版』有斐閣、2019年。

長谷部恭男編『注釈日本国憲法（２）』有斐閣、2017年。

長谷部恭男＝石川健治＝宍戸常寿編『憲法判例百選Ⅰ　第７版』有斐閣、2019年。

長谷部恭男＝石川健治＝宍戸常寿編『憲法判例百選Ⅱ　第７版』有斐閣、2019年。

樋口陽一＝佐藤幸治＝中村睦男＝浦部法穂『注解法律学全集１　憲法Ⅰ』青林書院、1994年。

樋口陽一＝佐藤幸治＝中村睦男＝浦部法穂『注解法律学全集２　憲法Ⅱ』青林書院、1997年。

樋口陽一＝佐藤幸治＝中村睦男＝浦部法穂『注解法律学全集３　憲法Ⅲ』青林書院、1998年。

樋口陽一＝佐藤幸治＝中村睦男＝浦部法穂『注解法律学全集４　憲法Ⅳ』青林書院、2004年。

法学協会編『註解日本国憲法（上）』有斐閣、1953年。

法学協会編『註解日本国憲法（下）』有斐閣、1954年。

宮澤俊義／芦部信喜補訂『コンメンタール日本国憲法』日本評論社、1978年。

■各章のテーマをより深く勉強するために

第１章

渡辺康行「イスラーム教徒の教員のスカーフ事件」木下智史＝村田尚紀＝渡辺康行編『事例研究憲法　第２版』日本評論社、2013年、326頁。

井上武史「演習　憲法」法学教室403号（2016年）108頁。

木村草太「水泳受講拒否事件」同『憲法の急所―権利論を組み立てる―　第２版』羽鳥書店、2017年、134頁。

三宅雄彦「信教の自由と政教分離」小山剛ほか編『憲法のレシピ』尚学社、2007年、67頁。

第２章

西原博史『良心の自由〔増補版〕』成文堂、2001年。

渡辺康行『「内心の自由」の法理』岩波書店、2019年。

淡路智典編『所沢高校の730日』創出版、1999年。

第3章

危機管理研究会編『実戦！　社会 VS 暴力団～暴対法20年の軌跡』金融財政事情研究会，2013年。

警察庁刑事局暴力団対策部監修『逐条暴力団員による不当な行為の防止等に関する法律』立花書房，2005年。

第4章

松井茂記『少年事件の実名報道は許されないのか』日本評論社、2000年。

守山正・後藤弘子『ビギナーズ少年法』成文堂、2005年。

曽我部真裕「日本における『忘れられる権利』に関する裁判例および議論の状況」江原法学49巻（2016年）1頁。

宮下紘「ロー・ジャーナル『忘れられる権利』について考える」法学セミナー714号（2016年）1頁。

第5章

中村英樹「ヘイトスピーチ集会に対する公の施設の利用制限」北九州市立大学法政論集46巻1・2号（2018年）65頁。

奈須祐治『ヘイト・スピーチ法の比較研究』信山社、2019年。

桧垣伸次『ヘイト・スピーチ規制の憲法学的考察』法律文化社、2017年。

松井茂記『図書館と表現の自由』岩波書店、2013年。

第6章

大村敦志『消費者法 第4版』有斐閣、2011年。

山本敬三「契約関係における基本権の侵害と民事救済の可能性」田中成明編『現代法の展望：自己決定の諸相』有斐閣、2004年、3頁。

第7章

横藤田誠＝中坂恵美子『人権入門 第3版』法律文化社、2017年。

横大道聡「志布志事件から憲法問題を考える」熊本法学132号（2014年）232頁。

飯島滋明「憲法からみた『あるべき刑事手続』とその現状（1）・（2）名古屋学院大学論集社会科学篇44巻2号（2007年）303頁・44巻3号（2008年）85頁。

第8章

竹中勲『憲法上の自己決定権』成文堂、2010年。

平田厚『増補　知的障害者の自己決定権』エンパワメント研究所、2002年。

長瀬修＝川島聡編『障害者権利条約の実施―批准後の日本の課題―』信山社、2018年。

杉山有沙「知的障害者の自己決定権行使のために講じる積極的措置の法的位置づけ」早稲田社会科学総合研究16巻1号（2015年）131頁。

上山泰「意思決定支援と成年後見制度」実践成年後見64号（2016年）45頁。

第9章

小山剛「旧優生保護法仙台地裁判決を受けて　人としての尊厳」判例時報2413・2414号（2019年）17頁。

青井未帆「旧優生保護法の違憲性及びその下で優生手術を受けた被害者への救済立法不存在の違憲性並びに国家賠償法上の違法性について」法学セミナー775号（2019年）37頁。

青井未帆「憲法13条に違反するが、『救済』されないのは仕方ない」が意味すること—仙台地判2019（令和元）年5月28日—」法学セミナー775号（2019年）55頁。

第10章

菅野和夫・諏訪康雄「労働市場の変化と労働法の課題—新たなサポート・システムを求めて—」日本労働研究雑誌418号（2003年）7頁。

第11章

工藤達朗「憲法における婚姻と家族」赤坂正浩＝大沢秀介＝井上典之＝工藤達朗『ファーストステップ憲法』有斐閣、2005年。

辻村みよ子『ジェンダーと人権』日本評論社、2008年。

齊藤笑美子「同性カップルは結婚できない？家族と個人」石埼学・笹沼弘志・押久保倫夫編『リアル憲法学　第2版』法律文化社、2013年。

福嶋敏明「同性婚と憲法　渋谷区パートナーシップ証明制度を契機に考える」時の法令1976号（2015年）52-57頁。

第12章

大島佳代子「教育における性差別—アメリカ合衆国における男女別学制（sex segregated schools）の合憲性—」北大法学第38巻4号（1988年）655頁。

青柳幸一「国公立女子大学の憲法適合性—高等教育における差別—」横浜経営研究第5巻1号（1984年）95頁。

辻村みよ子『ポジティヴ・アクション』岩波書店、2011年。

樋口陽一ほか編著『国家と自由・再論』日本評論社、2012年。

西村裕三編『判例で学ぶ日本国憲法　第二版』有信堂、2016年。

横藤田誠＝中坂恵美子『人権入門—憲法／人権／マイノリティー　第3版』法律文化社、2017年。

第13章

藤岡毅・長岡健太郎『障害者の介護保障訴訟とは何か！—支援を得て当たり前に生きるために—』現代書館、2013年。

松本和彦『事例問題から考える憲法』有斐閣、2018年。

植木淳「介護請求訴訟の展開（1）（2・完）—生存権理論の再検討を含めて—」北九州市立大学法政論集第40巻4号（2013年）89-116頁・41巻1号（2013年）15-47頁。

尾形健「生存権保障の現況」長谷部恭男編『論究憲法　憲法の過去から未来へ』有斐閣、2017年、401頁。

第14章

日本弁護士連合会「難病者の人権保障の確立を求める意見書」（2015年7月16日）
　　https://www.nichibenren.or.jp/document/opinion/year/2015/150716_3.html
井上英夫『患者の言い分と健康権』新日本出版社、2009年。

第15章

高井裕之「ハンディキャップによる差別からの自由」岩村正彦ほか編『岩波講座現代
　　の法14 自己決定権と法』岩波書店、1998年、203頁。
米沢広一『憲法と教育15講 第3版』北樹出版、2011年。
米沢広一『憲法と教育15講 第4版』北樹出版、2016年。
菊池馨実＝中川純＝川島聡編著『障害法』成文堂、2015年。
福祉労働編集委員会編『季刊福祉労働150号 特集 より早期からの多様な分離が進ん
　　でいる』現代書館、2016年。
障害者問題研究編集委員会『障害者問題研究47巻1号 特集 特別支援学級の意義と今
　　後の課題』全国障害者問題研究会、2019年。

第16章

新井誠「参議院議員選挙の都道府県選挙区制をめぐる最高裁判決の動向—最高裁平成
　　29年9月27日大法廷判決を素材として—」広島法学42巻1号（2018年）69頁。
茂木洋平「参議院議員における定数不均衡—最高裁平成26年11月26日大法廷判決（平
　　（行ツ）78）—」桐蔭法学22巻1号（2015年）137頁。
横尾日出雄「参議院議員定数不均衡訴訟に関する最高裁の判断と参議院選挙制度改革
　　について—最高裁平成29年9月27日大法廷判決と平成30年改正公職選挙法の憲法
　　上の問題点—」中京ロイヤー29巻（2018年）25頁。

第17章

太田裕之「憲法改正国民投票法に関する覚書」同志社法学57巻4号（2005年）1119頁。
只野雅人「憲法改正国民投票運動と公務員・教育者の『地位利用』規制」法と民主主
　　義 417号（2007年）56頁。
西土彰一郎「国民投票運動（国民投票法 重要条文解説）」法学セミナー52巻10号（2007
　　年）40頁。
青野篤「憲法改正のための国民投票法について」大分大学経済論集 59巻4・5号（2008
　　年）229頁。
南部義典「国民投票運動 CM 規制の再定位」法学セミナー 62巻5号（2017年）66頁。

第18章

安念潤司ほか『論点 日本国憲法』東京法令出版、2010年。
砂原庸介『民主主義の条件』東洋経済新報社、2015年。
高見勝利『芦部憲法学を読む』有斐閣、2004年。

第19章

大石眞「苫米地事件（特集 法学部生は知っておきたい！昭和・平成の法律事件（1））」

法学教室349号（2009年）18頁。

小松浩「イギリス連立政権と解散権制限立法の成立」立命館法学2012年1号（2012年）1頁。

河島太郎「イギリスの2010年憲法改革及び統治法（1）」外国の立法250号（2011年）
　　71頁。

長谷部恭男『Interactive 憲法』〈法学教室 Library〉有斐閣、2006年。

第20章

佐々木雅寿「勧告的意見の可能性」高見勝利ほか『日本国憲法解釈の再検討』有斐閣、
　　2004年、323頁。

佐藤幸治『現代国家と司法権』有斐閣、1988年。

中村睦男「国民の権利実現と違憲審査制」ジュリスト859号（1986年）96頁。

成瀬トーマス誠「アメリカ諸州における勧告的意見の制度について」法政治研究1号
　　（2015年）79-110頁。

松井茂記『カナダの憲法』岩波書店、2012年。

第21章

渡辺康行「裁判官の身分保障　裁判官の分限事件」木下智史＝村田尚紀＝渡辺康行編
『事例研究憲法 第2版』日本評論社、2013年、254頁。

宍戸常寿「特別の公法上の関係」同『憲法解釈論の応用と展開 第2版』日本評論社、
　　2014年。

「特集　分限裁判を考える―最大決平30・10・17（本紙2391号3頁）―」判例時報
　　2392号（2019年）97頁。

第22章

藤田宙靖「国政への関与」学士院紀要74巻1号（2019年）1頁。

奥平康弘『「萬世一系」の研究―「皇室典範的なるもの」への視座―』岩波書店、2005年。

奥平康弘『「萬世一系」の研究（上）―「皇室典範的なるもの」への視座―』岩波書店、
　　2017年。

奥平康弘『「萬世一系」の研究（下）―「皇室典範的なるもの」への視座―』岩波書店、
　　2017年。

辻村みよ子責任編集『創刊1号 憲法研究 〈特集〉憲法70年と国民主権・象徴天皇制』
　　信山社、2017年。

第23章

長谷部恭男『憲法の理性【増補新装版】』東京大学出版会、2016年。

奥平康弘＝山口二郎編『集団的自衛権の何が問題か―解釈改憲批判―』岩波書店、
　　2014年。

水島朝穂『ライブ講義 徹底分析！ 集団的自衛権』岩波書店、2015年。

第24章

野沢和弘『条例のある街―障害のある人もない人も暮らしやすい時代に―』ぶどう社、
　　2007年。

判例索引

事項索引

■執筆者紹介（執筆順）

民谷　　渉（たみや・わたる）　　　つくし法律事務所所属・弁護士
　　　　　　　　　　　　　　　　　　　　　　　　　　1章・9章・21章

森口　千弘（もりぐち・ちひろ）　　熊本学園大学社会福祉学部准教授
　　　　　　　　　　　　　　　　　　　　　　　　2章・22章・23章

中尾　太郎（なかお・たろう）　　　中尾法律事務所所属・弁護士
　　　　　　　　　　　　　　　　　　　　　　　　　3章・6章・10章

井上　幸希（いのうえ・ゆき）　　　広島国際学院大学非常勤講師
　　　　　　　　　　　　　　　　　　　　　　　　　4章・7章・11章

桧垣　伸次（ひがき・しんじ）　　　福岡大学法学部准教授
　　　　　　　　　　　　　　　　　　　　　　　　5章・18章・20章

織原　保尚（おりはら・やすひさ）　別府大学文学部准教授
　　　　　　　　　　　　　　　　　　　　　　　　8章・15章・17章

井上　一洋（いのうえ・かずひろ）　宮崎産業経営大学法学部准教授
　　　　　　　　　　　　　　　　　　　　　　　12章・16章・19章

長岡健太郎（ながおか・けんたろう）弁護士法人 青空 尼崎あおぞら法律事務所所属・
　　　　　　　　　　　　　　　　　　弁護士
　　　　　　　　　　　　　　　　　　　　　　　　　　13章・14章

青木　志帆（あおき・しほ）　　　　明石市所属・弁護士
　　　　　　　　　　　　　　　　　　　　　　　　　　　　24章

竹中　　勲（たけなか・いさお）　　故人・元同志社大学法科大学院教授
　　　　　　　　　　　　　　　　　　　　　　　　　　　　原案

Horitsu Bunka Sha

憲法を楽しむ

2020年5月20日 初版第1刷発行

編 者 憲法を楽しむ研究会

発行者 田 靡 純 子

発行所 株式会社 法律文化社

〒603-8053
京都市北区上賀茂岩ヶ垣内町71
電話 075(791)7131 FAX 075(721)8400
https://www.hou-bun.com/

印刷：㈱冨山房インターナショナル／製本：㈱藤沢製本
装幀：白沢 正

ISBN978-4-589-04086-2

〈18歳から〉シリーズ ●学問の世界への第一歩

具体的な事象を18歳の目線でとらえ、基礎となるエッセンスを解説。

＊Ｂ５判・カバー巻・100〜120頁

18歳からはじめる憲法〔第2版〕	水島朝穂 著	2200円
18歳から考える人権	宍戸常寿 編	2300円
18歳からはじめる情報法	米丸恒治 編	2300円
18歳からはじめる民法〔第4版〕	潮見佳男・中田邦博・松岡久和 編	2200円
18歳から考える家族と法	二宮周平 著	2300円
18歳から考える消費者と法〔第2版〕	坂東俊矢・細川幸一 著	2200円
18歳から考えるワークルール〔第2版〕	道幸哲也・加藤智章・國武英生 編	2300円
18歳からはじめる環境法〔第2版〕	大塚直 編	2300円
18歳から考える日本の政治〔第2版〕	五十嵐仁 著	2300円

曽我部真裕・横山真紀編

スタディ憲法

Ａ５判・244頁・2500円

各章冒頭で、章のテーマやポイントをマンガで道案内。「憲法テキスト史上、初学者が読んでもっとも読みやすくてわかりやすい」を実現。人権・統治機構あわせて全15章。

君塚正臣編

大学生のための憲法

Ａ５判・342頁・2500円

重要判例を詳解し、重要語句を強調、参考文献・Web情報を付すなど、学習を深めるための工夫を凝らすことによって法学部専門科目の「憲法」にも教養科目「憲法」講義にも対応可能なテキスト。

————法律文化社————

表示価格は本体（税別）価格です